Tina Ackermann

Frauen auf der Flucht

Tina Ackermann

Frauen auf der Flucht

Wer sie sind
und was sie erlebt haben

Rotpunktverlag

Dieses Buch erscheint mit freundlicher Unterstützung von:

Paul Grüninger Stiftung

Der Verlag bedankt sich dafür.

Der Rotpunktverlag wird vom Bundesamt für Kultur mit einem Strukturbeitrag für die Jahre 2021 bis 2024 unterstützt.

www.rotpunktverlag.ch

Umschlagbild: IMAGO / Zuma Press / Panayotis Tzamaros
Korrektorat: Sarah Schroepf
Bildbearbeitung: typopoint GbR, Ostfildern
Druck und Bindung: Friedrich Pustet, Regensburg

ISBN 978-3-85869-961-9
1. Auflage 2022

Dieser Titel ist auch als E-Book erhältlich.

Inhalt

Faut juste faire bon usage
de ces histoires

Auf dass diese Geschichten
etwas bewegen

Amira

Ça m'touche mais j'reste debout
Ça fait mal mais j'reste debout

Es trifft mich, aber ich bleib stehn
Es tut weh, aber ich bleib stehn

Sexion d'Assaut, »J'reste debout«

Wie es zu diesem Buch kam

Wir hatten uns über ein Glas Tee hinweg angesehen, verschämt gelächelt. Mehr Austausch ging nicht. Mir war beschieden worden, dass ich als Mitarbeiterin der Hilfsorganisation, um Retraumatisierungen zu vermeiden, nicht mit den Geflüchteten über ihre Erlebnisse reden sollte. Konnte ich auch nicht. Mit den meisten gab es keine gemeinsame Sprache. Außer des Lächelns. Aber da war dieses Bedürfnis, sich kennenzulernen.

Natürlich war ich mit einem diffus heroischen Gefühl des Helfenwollens angereist. Und jetzt sollte das Lächeln alles sein? Nach der Rückkehr notierte ich die Geschichte einer geflüchteten Frau, um ihr im Asylprozess zu helfen. Eine Kulturvermittlerin übersetzte. Sie erklärte die Zusammenhänge des Bürgerkriegs in dem Land, aus dem die Frau geflüchtet war, dessen Lebensbedingungen und sozialen Gegebenheiten. Das Gespräch dauerte Stunden. Am Ende waren wir alle drei erschöpft. Aber die geflüchtete Frau hatte zum ersten Mal seit ihrer Ankunft in Europa über sich berichtet; sie hatte hinterfragt und beweint, was ihr vor und während der Flucht widerfahren war. Sie erzählte, manchmal atemlos, manchmal empört, manchmal nachdenklich, viele schreckliche Details ihrer Lebensgeschichte, die sich in ihr Hirn eingebrannt hatten. Entscheidend war, dass sie in ihrer Sprache erzählen konnte. Zum Schluss sagte sie: »So, jetzt weißt du alles.«

Daraus entstand die Idee zu diesem Buch. Ich habe im Laufe von zwei Jahren geflüchtete und noch flüchtende Frauen aufgesucht, ihre Erlebnisse getreu ihren Angaben festgehalten. Sie haben selbst entschieden, was und wie viel sie mir mitteilten. Ich habe gefragt, aber nicht nachgebohrt. Es sollten ihre Geschichten sein, die ich notierte. Die Frauen haben von ihren Erfahrungen, von schrecklichem Leid berichtet. Durch das Festhalten ihrer Geschichten sollten sie und ihre Erlebnisse gewürdigt werden. Carolin Emcke schreibt in ihrem Buch *Gegen den Hass*, dass das Festhalten der Geschichten geflüchteter Menschen zu deren Reindividualisierung führe. Ziel dieses Buches ist es, zum Verständnis beizutragen, dass sich hinter den enormen Flüchtlingszahlen lauter einzelne Schicksale verbergen.

Meine Perspektive hat sich im Laufe des Sammelns dieser Geschichten verändert. Respekt bedeutet auch zu akzeptieren und sich einzugestehen, dass flüchtende Frauen Ziele, Absichten und Ansprüche haben, die nicht ins Schema des devot dankbaren Flüchtlings passen.

Es gab Absagen, Frauen, die nicht über ihre Erlebnisse sprechen wollten oder sich vor Repressionen fürchteten. Diejenigen, die sich mir anvertrauten, haben die Gespräche als befreiend und bereichernd empfunden. Sie haben jeweils entschieden, ob sie mit ihrem Namen oder unter einem Pseudonym in dieser Sammlung erscheinen wollen, ob mit Foto oder, zu ihrem eigenen Schutz, ohne.

Die Frauen habe ich in der Schweiz, in Schweden, in Griechenland und in Libanon getroffen. Immer waren die Gespräche von gegenseitiger Sympathie geprägt. Es war nicht möglich, jede Aussage zu überprüfen. Vielleicht wurde Wesentliches weggelassen, mal unter-, mal übertrieben. Vielleicht habe ich manches falsch verstanden oder, ohne Absicht, interpretiert. Ich bin keine Wissenschaftlerin; dieses Buch ist keine Studie. Es will vielmehr eine

Chronik sein. Ich fragte, hörte zu, schrieb auf. Insbesondere fehlte und fehlt es mir an emotionaler Distanz.

Diese Sammlung ist mit meinem großen Dank den außergewöhnlichen Frauen auf der Flucht gewidmet, die mir ihre Geschichte erzählt haben. Und denjenigen, die, wie ich, neugierig sind und sich freuen, nicht Flüchtlinge, sondern Menschen kennenzulernen.

August 2022

Frauen auf der Flucht

Hundert Millionen Menschen, schätzt das Hohe Flüchtlingskommissariat (UNHCR), werden 2022 auf der Flucht sein. Ein Viertel bis die Hälfte davon sind Frauen. Was die Zahlen verbergen, sind die einzelnen Schicksale – von alleinstehenden Frauen, Ehefrauen, zwangsverheirateten Frauen, verstoßenen Frauen, vergewaltigten Frauen, beschnittenen Frauen, behinderten Frauen, alten Frauen, jungen Frauen, Mädchen, Müttern, Großmüttern, ausgebombten Frauen, kriegsverletzten Frauen, von Studentinnen, Analphabetinnen, Frauen, die ihren Schwager heiraten mussten, Frauen, die den Schleier tragen, Frauen, die ihre Burka ablegten, verstörten Frauen, großartigen, mutigen, starken, selbstbewussten Frauen.

Frauen flüchten wie Männer vor Krieg, Verwüstung, Bedrohung und aus Angst um ihre eigene und die Sicherheit ihrer Kinder. Frauen flüchten darüber hinaus aber auch aus geschlechtsspezifischen Gründen – ein irritierend neutraler Begriff, mit dem unvorstellbare Qualen und Leiden bemäntelt werden, die Frauen angetan werden. Geschlechtsspezifische Gewalt bedeutet Zwangsheirat, Genitalverstümmelung, Levirat (Schwagerehe), Bedrohung und Missbrauch aufgrund sexueller Orientierung und verschiedenste Grausamkeiten mehr. Als ich zum ersten Mal von »Brustbügeln« las, dachte ich, es handle sich um einen Druckfehler, und fragte mich, was Lingèrie im Zusammenhang mit geschlechtsspezifischer Gewalt zu suchen habe.

Flucht ist keine Reise, zu der man erwartungsvoll aufbricht, über dem offenen Koffer brütet, ob eine weitere Bluse oder welche Schuhe sinnvoll wären. Flucht kennt oft keine Rückkehr, auch wenn genau das an ihrem Anfang die größte Hoffnung ist. Flucht reagiert auf Not, auf unhaltbare oder als unhaltbar empfundene, allgemeine oder persönliche Umstände im Heimatland und beginnt mit der Entscheidung zu gehen, manchmal auch unmittelbar aufgrund der Bedrohung für sich und andere. Manchmal kann sie vorbereitet werden, manchmal schon nicht mehr. Auf den Auslöser folgt die eigentliche Flucht mit ihrer Organisation, dem Fluchtweg, mit seinen Hindernissen und neuen Gefahren, bis ins Ankunftsland und dem anschließenden Asylverfahren, welches zur Niederlassung, dem Untertauchen oder der freiwilligen oder unfreiwilligen Rückkehr ins Heimatland führt. Flucht wird angetrieben von der Vision eines besseren Lebens, die sich oft erst in der zweiten Generation erfüllen kann, um den Preis der Entfremdung innerhalb der Familie, der Abkehr von Werten, welche die erste Generation als Brücke zur Heimat hochhält. Flucht basiert auf dem Bedürfnis nach einem Leben in Sicherheit und Würde, mit der Möglichkeit, für die Seinen zu sorgen. Flucht mündet meist in den Limbo eines Flüchtlingslagers oder Aufnahmezentrums und endet irgendwann mehr oder weniger am Rand der Gesellschaft eines fremden Landes.

Flüchtende sind, grob gesagt, mit zwei Helfertypen konfrontiert. Die Mitfühlenden, die viel bieten können, aber oft nicht das Entscheidende. Sie sehen in den Flüchtlingen gefährdete, benachteiligte, hilfsbedürftige Opfer, prangern, zurecht, die lebensbedrohlichen Fluchtwege und unhaltbaren Zustände in Flüchtlingslagern an. Die Empörung ergießt sich in den sozialen Medien, richtet sich an potenzielle Spender:innen und gegen Regierungen. Daneben agieren Schlepperorganisationen, die ein gefährliches, einträgliches Geschäft betreiben. Natürlich erkennen Flüchtende rasch, dass ihnen die freundlichen Helfer:innen, die sich in der Regel an die Gesetze ihrer Heimatländer halten, kaum bei der Migration helfen können. Um nach Europa zu gelangen, sind die illegalen Dienste der Schlepper unabdingbar und erfolgversprechend.

Für Frauen ist Flucht oft nicht das erhoffte Ende, sondern eine weitere Etappe auf dem Leidensweg von Unterdrückung und sexueller Gewalt. Selbstbestimmung über ihr Leben, über ihren Körper, ihre Sexualität, ihre Kinder, ihre Gesundheit ist Frauen in vielen Gesellschaften nicht gegeben. Auf der Flucht schon gar nicht. Flucht ist die Abhängigkeit von den Entscheidungen eines Vaters, Ehemanns, einer Schwiegermutter. Flucht bedeutet Gefahr von Übergriffen durch Schlepper, Helfer, Mitflüchtlinge. Flucht ist die beschwerliche, häufig die Grenzen der eigenen Kraft übersteigende, gefährliche, ungewollte Reise, in der die Flüchtende in einer Zwischenwelt lebt, ohne Zuhause, ohne Sicherheit, ohne Vorher, ohne Nachher – das Davor ist verloren, das Danach unbekannt. Omnipräsent dagegen ist der tägliche Kampf um etwas zu trinken und etwas zu essen, gar etwas Gesundes zu essen, um die Möglichkeit, sich und seine Kleider zu waschen, um einen trockenen, sicheren Schlafplatz. Dazu kommt die Angst, in einer unbekannten Welt allein, ohne Nachricht zu sein. Oder die Angst, von den Seinen getrennt zu werden, sie aus den Augen zu verlieren, sie schlimmstenfalls sterben sehen zu müssen. Eltern zermürbt die Ohnmacht, ihren Kindern die Schrecken der Flucht nicht ersparen zu können, sie Lebensgefahr auszusetzen.

Antworten von Flüchtenden darauf, was sie am Ziel ihrer Flucht erwarten, können sprachlos machen. Eine Frau auf der Flucht aus Afghanistan sagte mir, ihr reiche ein Fleckchen Land für ein kleines Haus, eine Ziege, ein paar Hühner und um etwas Gemüse anzubauen. Ob es denn genug regne in der Schweiz.

Die enorme Willenskraft, die nötig ist, um sich aus den meist ernüchternden Gegebenheiten im Ankunftsland ein neues Leben aufzubauen, wird kaum gewürdigt. Nicht alle schaffen es. Traumatisierungen, bedrückende neue Lebensumstände, die Entfremdung und die Abkehr von Traditionen nachkommender Familienmitglieder, nicht zuletzt die Schwierigkeiten einer neuen Sprache werden zu unüberwindbaren Hürden. Glück hat, wer in der neuen Heimat bereits Verwandte hat oder auf eine hilfsbereite Diaspora trifft. Pech hat, wer auf Landsleute trifft, welche die Neuankömmlinge nach exakt den althergebrachten Vorstellungen verurteilen, vor denen sie geflüchtet sind. Es gibt soziales und kulturelles Widerstreben bei Migrant:innen. Warum sich integrieren, wenn man in Ruhe gelassen werden möchte? Warum die Sprache lernen, wenn sich immer jemand findet, der etwas erklärt? Warum seine Rechte als Frau wahrnehmen, wenn es einfacher ist, einen Ehemann zu finden und Kinder zu bekommen, die einen womöglich absichern? Warum sich an gesellschaftliche Normen und Werte anpassen, die einen verunsichern, die man nicht versteht, die den eigenen widersprechen? Warum arbeiten, wenn die Sozialhilfe für den Unterhalt sorgt? Warum offen sein, wenn in der Heimat Ausdruckslosigkeit das Überleben sicherte?

Wie oft drängte sich mir die Frage auf, ob ich eine Situation aushalten könnte, in der ich auf der untersten gesellschaftlichen Stufe versuche, meinen Kindern eine Lebensperspektive zu schaffen, kaum verstehe, was um mich vorgeht, wo ich hart und viel arbeiten muss, mich täglich fremd und entwurzelt fühle, mit dem Klima, der Wohnsituation, den Gepflogenheiten Mühe habe, mich Heimweh und Verzweiflung quälen und ich vielleicht nicht einmal eine Freundin habe, mit der ich mich austauschen kann.

Ghazaleh mit ihrer Tochter, Lesbos, 2021

Ghazaleh, Iran

Wenn Flucht bedeutet, sich scheiden lassen zu können

Sie weiß, dass sie gut aussieht, dass sie aus gutem Haus kommt. Auch wenn sie in der Heimat unterdrückt, gedemütigt und entmündigt wurde. Vormachen lässt sie sich nichts mehr. Auch wenn sie zum ersten Mal auf eigenen Beinen stehen muss.

Ghazaleh, Jahrgang 1992, ist fünfzehn und zum ersten Mal verliebt. Ihr Freund geht wie sie in Teheran noch zur Schule. Irgendwie haben sie es geschafft, Telefonnummern auszutauschen. Das war nicht einfach, weil es heimlich geschehen musste. Schließlich sollen es die anderen nicht mitbekommen. Dass es sogar verboten sein könnte, kommt Ghazaleh nicht in den Sinn. Die Vorträge ihrer Mutter und ihrer Tanten über Schande und Ehre ließen keine Schlüsse darauf zu, dass damit auch das Mobiltelefon gemeint sein könnte. Ghazaleh und ihr Freund texten sich häufig und telefonieren heimlich. Viel mehr als »Wie geht es dir?«, »Was machst du gerade?« und »Wie war dein Tag?« wird nicht ausgetauscht, aber es ist für beide überwältigend schön, dieses Gefühl von Zusammengehörigkeit zu spüren.

Ghazalehs Vater starb, als sie vier Jahre alt war. Ein Onkel wurde neues Oberhaupt der Familie. Von ihm waren Ghazaleh, ihre Schwester und ihre Mutter von da an abhängig, finanziell und gesellschaftlich. Dass Frauen von Männern misshandelt werden, hatte Ghazaleh bereits erfahren. Auch der Onkel schrie die Mutter an, die sich duckte, wartete, bis es vorüber war. Ghazaleh und ihre kleine Schwester versteckten sich in ihrem Zimmer, hielten sich die Ohren zu, bis Mama zu ihnen kam, eisgekühlten Saft mitbrachte, lächelte. So sind die Dinge eben.

Dann wird Ghazaleh erwischt. Ihre Mutter hört zufällig, wie sie am Telefon kichert. Die Mutter stellt Ghazaleh zur Rede, ohrfeigt sie. Die Verbindung zu ihrem Freund wird sofort gekappt. Seine Telefonnummer auf ihrem Handy gelöscht. Und natürlich spricht die Mutter mit dem Onkel und sagt, dass Ghazaleh bereit sei, verheiratet zu werden. Dass man das junge Paar erwachsen werden lässt und es dann womöglich heiraten darf, kommt nicht infrage. Ghazaleh sagt: »Verliebte heiraten einander in Iran grundsätzlich nicht. Das hat etwas Anstößiges, Ungebildetes. Liebe gibt es nur in der Literatur, in Versen, als Verklärung.«

Hektisch wird ein Ehemann für Ghazaleh gesucht. Sie bekommt davon nichts mit, sehnt sich nach ihrem Freund. Schon wenige Tage nach der Ohrfeige der Mutter muss Ghazaleh sich im Repräsentationsraum der Wohnung einfinden. Dort sitzen zwei fremde Frauen, die sie unverblümt mustern, miteinander tuscheln, aber kein Wort mit ihr wechseln. Ghazaleh soll gerade stehen, ihre Hände, ihren Hals zeigen. »Am liebsten hätten sie mir in den Mund geschaut.« Nach der Inspektion wird Ghazaleh aus dem Raum geschickt. Die beiden Frauen unterhalten sich allein mit ihrer Mutter. Sie sind die Mutter und die älteste Schwester des Bräutigams.

Ghazalehs Onkel und der Vater des Bräutigams kommen zusammen, um den Handel abzuschließen. Ghazaleh wird selbstverständlich nicht gefragt, ob sie heiraten möchte. Es sei ihrer Familie schon hoch anzurechnen, dass sie sich in der Schule habe von ihren Kameradinnen verabschieden dürfen.

Kurz vor der Hochzeit sitzt ihr die neue Familie im Repräsentationsraum gegenüber. Diesmal ist auch ihr zukünftiger Mann dabei. Mahmud ist fast doppelt so alt wie sie, dreizehn Jahre älter. Ghazaleh erschrickt, muss aber mitspielen. Ihre Familie gehört zur

Oberschicht. Ghazaleh ist streng erzogen worden. Die Regeln sind klar. Frauen haben zu gehorchen, sich gut zu verheiraten, weil das ihr höchstes Glück bedeutet. So sind die Dinge. So sind sie in Ghazalehs Kopf verankert. Ehre kann sie der Familie nur durch die vorbestimmte Heirat bringen. Mit diesem Glaubenssatz ist sie aufgewachsen, sie selbst hält ihn für richtig. Ihren Freund zu vermissen, kommt ihr inzwischen unreif vor. Bald wird sie eine respektable Frau sein.

Am Tag ihrer Hochzeit wird Ghazaleh aufgeklärt, vor allem darüber, dass Mahmud jetzt ihren Körper besitzt und deshalb alles mit ihr tun darf, zu jeder Zeit. Was sich an die pompöse Hochzeitsfeier anschließt, ist ein Martyrium von zwölfeinhalb Jahren. Ghazaleh ist als Jugendliche völlig überfordert von ihrem erwachsenen Ehemann, der im Schlafzimmer Dinge von ihr verlangt, die sie anwidern und erschrecken. Als sie sich zu verweigern versucht, wird sie zum ersten Mal von ihm geschlagen. Kurze Zeit nach der Hochzeit ist Ghazaleh bei ihrer Mutter zu Besuch. Sie fleht sie an, zurückkehren zu dürfen. Sie hält es mit dem brutalen, fordernden Mann nicht aus. Die Mutter macht Ghazaleh unmissverständlich klar, dass das unmöglich sei, die Familie einen solchen Reputationsschaden nicht hinnehmen könne. Es werde besser mit der Zeit, ist alles, was ihr die Mutter mitgeben kann.

Ghazaleh wird von Mahmud wegen Kleinigkeiten beleidigt und beschimpft, was auch die Nachbarn mithören. Er schlägt sie oft ohne Grund, aber vor allem, wenn sie versucht, sich zu verweigern. Zur Strafe vergewaltigt er sie, oft mehrmals in der Nacht. Mit siebzehn ist Ghazaleh Mutter eines Sohnes. Seine Geburt war schwer.

Mahmud handelt sich mit seiner aggressiven, aufbrausenden Art bei seiner Beamtenstelle Schwierigkeiten ein und entscheidet, dass die Familie das Land verlassen solle. Ghazaleh ist inzwischen auch Mutter eines kleinen Mädchens geworden. Sie hat heimlich Schwangerschaften abgebrochen, weil sie keine Kinder mehr von ihrem Mann wollte. Ghazaleh versucht erneut, sich von ihm zu trennen, will nicht mit ihrem Mann in ein fremdes Land fliehen. Doch auch diesmal macht ihr die Mutter klar, dass sie ihren Mann nicht verlassen könne. Sie werde sonst ihre Kinder nie wiedersehen. Kinder gehören gemäß islamischem Recht zur Familie des Mannes. Im Falle einer Scheidung bleiben sie in dessen Familie.

Dann ist der Tag da: Ghazaleh und Mahmud fliegen mit den beiden Kindern nach Belgrad. Ihre Flucht soll von dort auf dem Landweg nach Deutschland führen. In Belgrad trifft Mahmud auf einen Landsmann, der ihm von der Flucht über die Balkanroute abrät und ihm den Weg über Griechenland empfiehlt. Heute greift sich Ghazaleh an den Kopf, wie dumm ihr Mann gewesen sei. »Wir waren doch schon viel weiter. Dann sind wir zurückgefahren und auf Lesbos gestrandet.«

Im Flüchtlingslager Kara Tepe auf Lesbos kommt Ghazaleh in Kontakt mit einer Sozialarbeiterin, die ihr erklärt, dass sie die gleichen Rechte wie ihr Mann habe, sich nichts von ihm gefallen lassen müsse und sich jederzeit scheiden lassen könne, ohne ihre Kinder zu verlieren. Ghazaleh fasst Mut und reicht den Scheidungsantrag ein. Darauf schenkt ihr Mahmud zum ersten Mal im Leben eine

(Du hast schöne Augen, Farsi)

Wenn du ein Kompliment bekommst, musst du es erwidern.
Das gehört sich so.
Also sagst du: »Du hast schöne Augen.« Das geht immer.

Ghazaleh

Blume. Ghazaleh wirft sie auf den Müll und hält an der Scheidung fest. Ihr Mann ist außer sich und droht, sich umzubringen. Er legt sich einen Strick um den Hals und versucht, sich an einem Baum im Flüchtlingslager zu erhängen. Der Sohn entdeckt den Vater und fleht die Mutter an, die Familie wieder zu vereinen. Doch Ghazaleh bleibt bei ihrem Entschluss. Sie setzt ihrem Sohn auseinander, dass sie in ein Land gekommen seien, in dem Frauen nicht hinnehmen müssten, von ihren Ehemännern entwürdigt zu werden. Sie könne und werde das nicht mehr aushalten. Sie stellt es dem Zehnjährigen frei, mit seinem Vater zu leben. Ihr Sohn entscheidet sich für sie und seine kleine Schwester. Ghazaleh und die Kinder werden vom Vater getrennt und bekommen in einem Frauenhaus in Mytilini, der Hauptstadt von Lesbos, ein Zimmer für sich.

Ghazaleh findet eine Stelle bei einer Hilfsorganisation und arbeitet vier Vormittage in der Woche. Mit ihrem Gehalt kann sie sich schon bald eine eigene kleine Wohnung leisten. Die Iranerin blickt voller Zuversicht auf ein neues Leben, in dem sie unerwartet die Freiheit geschenkt bekommen hat. Plötzlich ist alles möglich – Selbstbestimmung, Kinder, die sie erziehen kann nach dem Grundsatz der Gleichberechtigung von Mann und Frau. Ghazaleh hat in Griechenland Asyl erhalten. Zwangsehe und sexuelle Gewalt sind anerkannte Asylgründe. Ihr Mann ist in die Türkei ausgereist. Eine neue Bekanntschaft mit einem Mann, der ebenfalls aus Iran geflohen war, hat Ghazaleh nach kurzer Zeit wieder abgebrochen. Sie möchte keinen Mann mehr, der nur Sex von ihr will, sie als Objekt oder Trophäe betrachtet, mit dem es keinen Austausch auf Augenhöhe gibt, keine Gemeinsamkeit entstehen kann. Am meisten vermisst sie ihre Mutter, ihre Schwester und ihre Freundinnen. Noch findet sie es schwierig, allein für alles verantwortlich und zuständig zu sein, für die Wohnung, das Einkommen, die Schulen der Kinder. Niemand hat das je von ihr verlangt oder ihr zugetraut. Und es gibt so vieles zu entscheiden, zu organisieren, zu bestimmen. Manchmal ist sie verzagt, möchte jammern und muss sich zusammenreißen.

Farnaz Ahmadi, Zürich, 2022

Farnaz Ahmadi, Afghanistan

Der Wunsch zu heiraten

Die Sofas an den Wänden der modernen Wohnung in der Zürcher Agglomeration erinnern an einen arabischen Repräsentationsraum. Javid hat die Haare blond gefärbt. Farnaz begegnet ihm auf Augenhöhe. Ich bin unsicher, ob ich die beiden duzen soll, bleibe beim Sie. Sie sind so jung und so beeindruckend.

Farnaz Ahmadi ist Afghanin, wurde 1997 in Iran geboren. Ihre Eltern sind lange vor ihrer Geburt ausgewandert, auf Arbeitsuche. Afghanistan hat Farnaz nur zweimal besucht. Da war sie noch ein kleines Kind; sie kann sich nicht daran erinnern. Sie, ihre Eltern und die vier Brüder leben illegal in Iran, wie das viele Afghan:innen tun. Sie sind dort geduldet.

Eine Freundin von Farnaz lernt Javid in Qum, einer Stadt nördlich von Teheran, kennen. Er ist Schneider und sucht nach Möglichkeiten, seine Kleider im touristischen Kashan zu verkaufen, wo Farnaz wohnt. Die Freundin schlägt vor, dass er Farnaz kennenlernen soll; sie schneidere viel für ihre Familie, kenne Stoffhändler und könne ihm vielleicht auch Kund:innen vermitteln. Und Farnaz kann Javid helfen. Sie vermittelt ihm Kontakte, spricht mit ihm Qualitäten und Preise ab. Er liefert die bestellten Kleider.

Bei den Muslimen gibt es zwei große Glaubensrichtungen, Schiiten und Sunniten. Farnaz gehört den in Afghanistan mehrheitlich vertretenen Sunniten an, Javid ist Schiit. Sie stammt aus der Volksgruppe der Paschtunen, er ist Hazara. Kein Gedanke, dass sie sich näherkommen könnten; zu groß sind die religiösen und gesellschaftlichen Unterschiede. Und doch verlieben sie sich ineinander. Farnaz ist sechzehn, Javid ein Jahr älter. Eineinhalb Jahre gelingt es ihnen, ihre Liebe geheim zu halten. Sie wohnen in verschiedenen Städten, und wenn Javid Farnaz besucht, muss sie sich eine Ausrede einfallen lassen, um das Haus verlassen zu können und ihn zu treffen. Sie gibt meist vor, Stoff einkaufen zu wollen. Kontakt halten sie per Smartphone.

Obwohl es eigentlich unmöglich ist, dass sie heiraten könnten, spricht Javid bei Farnaz' Familie vor und bittet um die Hand der einzigen Tochter. Farnaz' Vater ist empört und lehnt den Antrag rundweg ab. Er nimmt seiner Tochter das Smartphone ab. Javid beschafft ihr heimlich ein neues. Die beiden sind ernüchtert, geben sich aber nicht geschlagen.

Javids Vater war General in der afghanischen Armee. Vielleicht hilft sein Prestige, Farnaz' Vater zu beeindrucken. Javid hat seine Familie jedoch im Streit verlassen. Er muss sich erst mit seinem Vater aussöhnen, um ihn bitten zu können, ihnen zu helfen. Der Exgeneral lässt Javid zappeln, willigt aber schließlich ein, von Vater zu Vater, um die Hand von Farnaz anzuhalten. Die beiden Väter verschanzen sich im Wohnzimmer. Hinter verschlossenen Türen brüskiert Farnaz' Vater den General mit übertrieben hohen Mitgiftforderungen. Der ehemalige General fühlt sich beleidigt. Die beiden Väter geraten in Streit. Die Sache steht schlimmer als zuvor.

Nun wird Farnaz' Vater aktiv. Er will seine Tochter so schnell wie möglich verheiraten, und zwar nicht etwa in Iran, wo die Familie lebt, sondern in der alten Heimat Afghanistan. Farnaz' Mutter ahnt nichts Gutes. Sie stammt aus Kabul, hat die Schule besucht und war vor der Machtübernahme der Taliban gewohnt, ohne Burka auf die Straße zu gehen. Farnaz' Vater kommt aus der Provinz, aus einem kleinen Dorf südlich von Kabul. Die beiden wurden verheiratet, weil man dem früh mutterlos gewordenen jungen Mann eine lebenslustige Frau zur Seite stellen wollte. Farnaz' Mutter wurde nicht gefragt, was sie davon hielt. Sie befürchtete damals, im Dorf des Vaters ans Haus gebunden zu sein und keine Kontakte nach außen mehr haben zu dürfen. Die gemeinsame Flucht nach Iran erlaubte ihr dann ein freieres Leben. Nun bangt sie um die Tochter, die das Schicksal ereilen könnte, das ihr erspart geblieben ist: das Leben einer verheirateten Frau in einer traditionellen Dorfgemeinschaft im ländlichen Afghanistan, wo Frauen das Haus nur in Begleitung von männlichen Verwandten verlassen dürfen, verhüllt von einer Burka. Hier werden Frauenrechte, anders als in den Städten oder in gebildeteren Schichten, noch weniger respektiert. Die Mutter erklärte Farnaz, dass Frauen, die gemeinsam ohne männlichen Begleiter auf der Straße gesehen würden, Gefahr liefen, von den Religionshütern geschlagen zu werden, egal ob sie die Burka trügen oder nicht. Wer zu den Taliban gehörte, sei während der westlichen Präsenz in Afghanistan, als sich die Taliban bedeckt hielten, nicht an der Kleidung zu erkennen gewesen. Frauen trauten sich auf dem Land deshalb kaum allein vor die Tür. Jeder Passant könnte sich als Religionshüter entpuppen, einen Stock nehmen und auf sie einschlagen. »Auf dem Land«, zitiert Farnaz ihre Mutter, »soll jeder Zweite ein Taliban sein. Und die andere Hälfte sei eingeschüchtert und arbeite mit ihnen zusammen.«

Der Vater findet einen Bräutigam. In sechs Monaten wird Farnaz in Afghanistan heiraten. Die Mutter hat in dieser Sache nichts zu sagen, Farnaz sowieso nicht. Sie lernt ihren Zukünftigen nicht kennen; ihr wird nur gesagt, dass die Familie reich und angesehen sei und sehr traditionell. Für den Vater bedeutet diese Heirat eine große Ehre. Sie soll ihn wieder enger mit seinem Heimatland und seinem Dorf verbinden. Er hatte es als Halbwaise verlassen, wurde von der neuen Frau seines Vaters vertrieben, wanderte auf Arbeitsuche mit seiner jungen Frau nach Iran aus.

Javid erkennt, dass er handeln muss, um Farnaz eine Zwangsehe in Afghanistan zu ersparen. Er ruft sie aus Qum an und schlägt ihr vor, gemeinsam zu fliehen. »Er sagte, wir gehen nach Europa. Ich dachte, er macht Spaß.« Zwei Tage später steht Javid bei ihr vor der Tür. Er hat seinen ganzen Besitz verkauft und ist bereit. Eine Woche bleibt er heimlich in der Stadt, um die Flucht zu organisieren. Farnaz freundet sich schnell mit dem Gedanken an. Es gibt keinen anderen Ausweg, sie müssen fliehen, wenn sie der Heirat in Afghanistan entgehen will. Und dann ist es so weit. Farnaz sagt zu ihrer Mutter, dass sie noch kurz aus dem Hause müsse, um etwas zu besorgen – und geht. Für immer. Ohne Abschied. Sie ist achtzehn Jahre alt.

Am selben Abend erreicht das junge Paar Teheran. Sie haben keine Papiere. Aber Javid hat sich informiert. Der Azadi-Platz unter dem pompösen Freiheitsturm (Azadi bedeutet Freiheit auf Farsi) ist ein beliebter Treffpunkt in Teheran. Der Platz ist auch der Ort, wo man Schlepper findet, eine Art Freiluftreisebüro. Kontaktleute der Schleuserorganisationen machen hier diskret ihre Angebote. Fluchtwillige wägen die Offerten ab, vergleichen Preise, Transportmittel, Fluchtrouten und Sicherheitsaspekte, fragen Fakten ab, über die Größe der Gruppen, die Erfolgsquoten. Es herrscht Konkurrenz unter den Schleppern. Aber vor allem ist Vorsicht geboten. Auf dem Platz sind iranische Spitzel unterwegs, die Fluchtwillige aufgreifen. Flucht ist Landesverrat.

Javid und Farnaz kommen mit einem Anbieter überein, der vertrauenswürdig wirkt und ihnen die Flucht von Teheran nach Athen zum Preis von zweitausend US-Dollar pro Person verkauft. Zahlbar bei Ankunft in Athen. Das Geld ist bei einer Vertrauensperson in Iran hinterlegt. Diese wird den Schleppern das Geld aushändigen, wenn sie von Javid aus Athen den Anruf erhält, dass alles gutgegangen ist. Die Schlepper arbeiten auf eigenes Risiko, verstehen aber keinen Spaß. Wer versucht, sie auszutricksen, und nach überstandener Flucht nicht bezahlen will, wird umgebracht. Ein Mann soll erschossen worden sein, weil er seine Vertrauensperson in Teheran nicht kontaktieren konnte und die Schlepper ihm das nicht glaubten. In diesem Hochrisikogeschäft werden keine Unregelmäßigkeiten geduldet.

Erste Fluchtetappe für Farnaz und Javid ist die Strecke von Teheran nach Urmia, in der Nähe der türkischen Grenze, gute achthundert Kilometer entfernt. Die Flucht beginnt sehr früh am nächsten Morgen. Sie treffen auf eine ganze Gruppe Flüchtender. Aus den Fluchtautos sind die Sitze entfernt worden, damit man die Köpfe der Insassen nicht sieht. Die Gruppe umfasst fünf Wagen und rund dreißig Flüchtende. Dreimal wechseln sie auf der Strecke an die türkische Grenze die Fahrzeuge und damit auch den fahrenden Schlepper. Die Schlepper gehören alle zur selben Organisation. Gefahren wird in losen Autokolonnen. Das erste Fahrzeug hat keine Flüchtenden an Bord und nur die Aufgabe, die folgenden Fahrzeuge vor Polizeikontrollen zu warnen. Gibt es eine Kontrolle, verlassen die nachfolgenden Fluchtautos die Hauptstraße und schlängeln sich auf Nebenstraßen oder fahren durchs Hinterland in großem Bogen am Kontrollposten vorbei. Der Fahrer des Wagens, in dem Farnaz und Javid sitzen, brüstet sich damit, der Polizei schon erfolgreich bei einer Verfolgungsjagd entwischt zu sein. Am Nachmittag hält der Fahrzeugkonvoi. Alle Flüchtenden verstecken sich im Haus eines Helfers. Dicht gedrängt warten sie, trauen sich kaum, sich zu unterhalten. Plötzlich das Signal, es geht weiter. Die Flüchtenden verteilen sich wieder auf die Fahrzeuge. Nacheinander treffen die Autos auf einer Wiese mit Apfelbäumen ein. Die Flüchtenden müssen auf Lastwagen umsteigen, die Apfelkisten geladen haben. Unter den Kisten versteckt, werden sie an Polizeikontrollen vorbeigeschmuggelt.

Wieder heißt es umsteigen. Für Farnaz und Javid geht die Fahrt im Personenwagen weiter. Auch diesmal müssen sie ihre Köpfe unten behalten; man soll nicht sehen, dass Menschen im Auto zusammengepfercht sind. Vor den Flüchtenden liegt eine Passstraße, an der sich Heckenschützen verstecken. Der kleine Konvoi kommt der türkischen Grenze immer näher. Mit Lichtzeichen geben sich

Schlepper und lokale Helfer Signale, ob die Strecke frei ist. Einmal blinken bedeutet Gefahr. Dreimal blinken heißt, dass es losgehen kann. Dann sind sie an der türkischen Grenze. Alle Flüchtenden müssen aussteigen. Das letzte Stück soll zu Fuß bewältigt werden.

Sie sind müde und nach der langen Fahrt ganz steif. Aber der Schlepper drängt. Er hat das Sagen. Das ist Teil des Deals, den sie in Teheran eingegangen sind. Die Grenze zur Türkei ist bewacht. Der Automotor könnte zu hören sein und die Kontrollposten auf die Flüchtlinge aufmerksam machen. Auch wenn die Grenzer mitspielen, weil sie ihren Anteil erhalten, soll der Grenzübertritt so diskret wie möglich geschehen. Der Schlepper hat das Schmiergeld für den türkischen Grenzposten bereit. Er schickt die Flüchtenden los, macht sich selbst auf den Weg zur Übergabe. Die Grenze verläuft auf der Passhöhe. Farnaz, Javid und die anderen Flüchtenden steigen im Dunkeln auf einem Bergweg in die Höhe, kommen nur langsam vorwärts. Dann haben sie die Grenze vor sich. Sie ist beleuchtet und mit einem Stacheldrahtzaun gesichert. Die Flüchtenden beeilen sich in der Hoffnung, nicht bemerkt zu werden und das heimlich offen gehaltene Loch im Zaun schnell zu finden.

Bis in die Türkei haben Farnaz und Javid vierzehn Stunden gebraucht. Sie sind auf einer einsamen Passhöhe gelandet. Todmüde und erschöpft steigen sie in der Dunkelheit bergab und erreichen irgendwann ein Dorf, wo man die Flüchtenden bereits erwartet und sie rasch in den Häusern verschiedener Dorfbewohner unterbringt. Die Fluchthelfer arbeiten Hand in Hand. Javid vermutet, dass es kurdische Großfamilien sind, die in den Ländern entlang der Flüchtlingsrouten leben und die Menschen auf ihrer Flucht durchschleusen, um sich so vom großen Kuchen des Fluchtgeschäfts ein Stück abzuschneiden.

Eine Frau, die schon länger mit Farnaz und Javid unterwegs ist, startete in Teheran mit hohen Absätzen; sie hatte sich die Flucht einfacher vorgestellt. Auf dem Weg über den Pass zog sie ihre Schuhe aus und ging barfuß weiter. Im Dorf angekommen, bluten ihre

Füße und sind geschwollen. Sie leidet furchtbar, kann nicht mehr gehen. Die Schlepper lassen die flehende Frau zurück. Die Gastgeber sind wenig begeistert; die Frau ist ein Sicherheitsrisiko. Sie darf das Haus nicht verlassen und muss sich ruhig verhalten. Man gibt ihr zwei Tage Zeit, ihre Füße zu kurieren, um mit der nächsten Gruppe Flüchtender weiterziehen zu können.

Schlepper bringen Farnaz und Javid durch die Türkei weiter bis an die Küste vor Lesbos. Sie bekommen Schwimmwesten ausgehändigt. Es ist Nacht, alles muss schnell und unauffällig gehen. Die Schlepper treiben die Gruppe Flüchtender, zu der Farnaz und Javid gehören, wie eine Viehherde auf die Schlauchboote. Und schon legen die Boote ab. Auf der anderen Seite der Meerenge sehen Farnaz und Javid einzelne Lichter. Das ist Europa!

Das Meer ist ruhig. Aber ihr Boot ist überfüllt, die Menschen sitzen dicht an dicht, fürchten sich im Dunklen. Es bricht Streit darüber aus, welcher Punkt auf Lesbos angepeilt werden soll. Dann setzt der Motor aus. Das Boot treibt immer weiter ab, an der Insel entlang. Weil sich Javid als Motorradfahrer mit Motoren ein wenig auskennt, gelingt es ihm, den Motor wieder anzuwerfen. Die Überfahrt im überfüllten Boot mit dem überanstrengten Motor dauert zwei endlos lange Stunden, aber schließlich erreichen sie am Morgen die Insel. Die anderen Flüchtlingsboote sind längst angekommen. Farnaz und Javid folgen dem Strom der Flüchtlinge. Nach einem stundenlangen Fußmarsch erreichen sie Mytilini, den Hauptort der Insel Lesbos. Dort am Hafen sammeln sich viele Flüchtlinge. Die Situation wirkt unorganisiert. Freiwillige helfen und erklären dem jungen Paar, was die nächsten Schritte sind. Es gibt keine Unterkünfte für die Neuankömmlinge. Sie müssen auf dem Parkplatz beim Hafen ausharren. Auf dem Gelände steht nur eine einzige Toilette zur Verfügung. Es gibt keine Duschen. Farnaz und Javid sind erstaunt; die Betreuung durch die Schlepper und die Unterkünfte auf der Strecke von Iran in die Türkei waren besser gewesen. Sie behelfen sich, indem sie in den Läden in Mytilini etwas zu essen und Wasser kaufen und dabei fragen, ob sie die Toilette benützen dürfen. Die Griechen sind hilfsbereit und durchwegs nett. Noch ist die Vereinbarung zwischen der Europäischen Union (EU) und der Türkei nicht geschlossen, gemäß der die Türkei die Flüchtenden zurückhalten soll. Nach vier Tagen schaffen Farnaz und Javid es schließlich, sich registrieren zu lassen. Sie bekommen ein Papier mit griechischen Buchstaben, auf dem auch ihre Fingerabdrücke festgehalten sind. Mit der Registrierung können sie sich Tickets für die Fähre nach Athen kaufen. Dort angekommen, ruft Javid seine Kontaktperson in Teheran an und löst das Geld für die Schlepper aus.

Nun kann die nächste Fluchtetappe in Angriff genommen werden. Auch in Athen ist Fluchtorganisation eine Freiluftangelegenheit. Dort ist es der Victoriaplatz, wo sich Anbieter und Fluchtwillige treffen. Auch da ist Vorsicht vor der Polizei geboten. Farnaz und Javid treffen einen afghanischen Schlepper, der sie zu sich nach Hause mitnimmt, wo sie endlich duschen können. In einem Laden hat sich Farnaz Kleider zum Wechseln gekauft. Javid vergleicht auf dem Victoriaplatz die Angebote. Als Ziel haben sie sich Schweden ausgesucht, über das sie viel Gutes für Asylsuchende gehört haben. Deutschland käme auch infrage. Das Loblied auf Angela Merkel, der Schutzpatronin aller Flüchtlinge, wird auf der ganzen Route gesungen.

Javid wird die direkte Passage in eine europäische Stadt der Wahl angeboten. Das würde viertausend US-Dollar pro Person kosten. Bei dieser Luxusvariante bekommt der Flüchtende einen falschen Pass und fliegt zusammen mit dem Schlepper zum Zielort. Dort wird der Pass zurückgegeben und der Schlepper reist zurück nach Griechenland für den nächsten Transfer. Es sind genügend Pässe vorhanden, sodass sich immer einer finden lässt, in welchem Bild und Angaben mehr oder weniger gut passen. Bilder mit Schleier sind ein Vorteil. Javids Geldreserven gehen jedoch zur Neige; sie müssen sparen.

Die Registrierungspapiere, die man ihnen in Mytilini ausgestellt hat, gelten innerhalb der EU als Reisedokumente. Und da die Grenzen zwischen den europäischen Ländern offen sind, entscheiden sich Farnaz und Javid, öffentliche Verkehrsmittel für die weitere Flucht zu benutzen. Das nächste Ziel ist Mazedonien. Sie werden vom Grenzschutz kontrolliert, können passieren und steigen in den Zug nach Kroatien. Der Zug ist übervoll mit flüchtenden Menschen. Sogar auf der Toilette fahren Menschen mit. In Kroatien ist man vorbereitet auf die Flüchtenden, wenn auch personell überlastet. Farnaz und Javid möchten in eine Flüchtlingsunterkunft. Nur wer sich kontrollieren lässt, bekommt Zutritt. Drogen, Waffen und Papierlose werden nicht eingelassen. Farnaz und Javid harren in der Schlange eine Nacht im Regen aus.

Der Sommer 2015 geht als Gipfel der sogenannten Flüchtlingskrise in die Geschichte ein. Farnaz und Javid schlafen einmal mit Tausenden anderer Geflüchteter in einem Bahnhof in Ungarn oder Österreich; so genau wissen sie es nicht. Einheimische bringen Suppe und warme Decken. Schließlich erreichen Farnaz und Javid Hamburg. Dort treffen sie drei junge Afghanen, die gerade aus Schweden zurückgekehrt sind. Sie berichten, dass Schweden keineswegs das gelobte Land der Flüchtenden sei. Zu kalt, zu abweisend und sogar gefährlich, weil es immer wieder Übergriffe auf Flüchtlinge gebe. Farnaz und vor allem Javid sind verunsichert. Schweden war immer sein Ziel gewesen. Ein sicheres, friedliches Land, gute viertausend Kilometer Luftlinie von den religiösen und gesellschaftlichen Einschränkungen entfernt, die Farnaz und ihn nicht das Leben führen lassen wollten, das sie sich wünschen. Ein freies Land, das nicht verbietet, dass ein Schiit eine Sunnitin heiraten kann. Jemand schlägt die Schweiz vor. Farnaz und Javid versuchen in Erfahrung zu bringen, unter welchen Voraussetzungen Flüchtlinge in der Schweiz Asyl erhalten. Das Verfahren scheint anspruchsvoll. Aber immerhin schickt die Schweiz niemanden nach Afghanistan zurück. Das gibt den Ausschlag.

Farnaz und Javid nehmen den Zug von Hamburg nach München. Dort besorgen sie sich Tickets für den Fernbus von München nach Zürich. Doch weil sie keine Pässe vorzeigen können, werden sie beim Einsteigen abgewiesen. Das Fahrgeld wird nicht zurückerstattet. Javid ist sauer. Er hat keine Lust mehr auf Diskussionen und besteigt mit Farnaz kurzerhand den Zug nach Zürich – mit zwei Bustickets und den Registrierungspapieren aus Griechenland. Die beiden haben den Familienwagen erwischt, dessen Einrichtung sie überrascht. Alles wirkt so freundlich und gemütlich. Trotzdem sind sie angespannt. Aber Javid ist entschlossen. Er hat für die Fahrt nach Zürich bezahlt. Ob Bus oder Zug, ist ihm egal. Das sollen die Leute unter sich ausmachen.

Auf Farsi, mit etwas Englisch und ohne ein Wort Deutsch versucht Javid, dem Schaffner klarzumachen, dass Farnaz und er in die Schweiz möchten. Und dafür ein Ticket bezahlt hätten. Drei andere afghanische Flüchtlinge sind mit ihnen unterwegs, auch ohne Zugtickets. Der Schaffner wird ungeduldig. Er hat keine Ahnung, wie er mit den Flüchtlingen verfahren soll. Er versteht sie nicht und sie ihn nicht. Schließlich fragt er, wie viel Geld sie denn hätten. Die fünf legen Münzen zusammen. Es werden rund zwanzig Euro. Der Mann seufzt und stellt ihnen fünf Tickets aus, stempelt sie ab und kann endlich weiter kontrollieren.

Farnaz und Javid haben jetzt zwar ein Ticket, aber nur bis zur nächsten Haltestelle. Draußen vor dem Zugfenster zieht die Landschaft vorbei. Wann kommt die Grenze? Wann sind sie in der Schweiz? Wie merkt man den Unterschied? Der Zug hält. Sie bleiben sitzen. Der Zug fährt weiter. Grenzwächter sind zugestiegen und kommen ins Abteil. Farnaz und Javid fragen sie angespannt, ob sie in der Schweiz seien. Die Grenzwächter bestätigen. Sie haben es geschafft!

Zusammen mit den Grenzern verlassen Farnaz und Javid den Zug an der nächsten Haltestelle und werden zu einer Flüchtlingseinrichtung gebracht. Dort ist man ausgebucht. Javid schlägt vor, dass sie nach Zürich, ans ursprüngliche Ziel, fahren, um dort in der Asylunterkunft vorzusprechen. Das wird ihnen erlaubt. Sie kommen am Hauptbahnhof Zürich an. Alles ist sauber, ordentlich, niemand nimmt von ihnen Notiz. Sie sprechen auf gut Glück einen Mann an, der wie ein Afghane aussieht. Er kommt tatsächlich aus Afghanistan und weiß weiter. Er hilft beim Übersetzen auf der Meldestelle. Es dauert lange, bis endlich Unterkünfte für die Neuankömmlinge gefunden werden. Die sind jedoch nicht am selben Ort, denn die beiden sind ja nicht verheiratet. Javid soll allein in Zürich bleiben, Farnaz nach Kreuzlingen zurückfahren. Javid weigert sich. Auf keinen Fall wird er Farnaz allein lassen, nicht, nachdem sie so weit zusammen geflohen sind.

Schließlich werden sie im Containerdorf in Embrach untergebracht, wohnen drei Monate zusammengepfercht mit fremden Menschen im selben Raum. Später ziehen sie in eine Messehalle in Zürich Oerlikon um, die als Flüchtlingsunterkunft dient. Dort ist es laut; Streitereien sind an der Tagesordnung. Farnaz und Javid bleiben acht Monate, teilen ihr Zimmer noch mit einer anderen Familie. Javid fängt sofort an, Deutsch und Englisch zu lernen. Farnaz beginnt mit den lateinischen Buchstaben. Der Start im neuen Heimatland ist hart. Farnaz, die einen Schleier trägt, wird angespuckt und als Terroristin beschimpft. Sie fühlt sich einsam, vermisst ihre Familie, vor allem ihre Mutter. Eines Tages schluckt sie alle Tabletten, die sie finden kann. Im Krankenhaus wird ihr der Magen ausgepumpt. Javid ist verzweifelt. Es muss etwas geschehen. Ihre Flucht von Teheran in die Schweiz hat einen Monat gedauert. Jetzt vergeht immer mehr Zeit, ohne dass sie eine Perspektive finden.

Dann wird Farnaz schwanger. Sie entscheidet sich, ihr Kopftuch abzulegen. Javid setzt alles daran, für seine kleine Familie sorgen zu können. Er ergattert eine zweijährige Praktikumsstelle und lässt sich zum Bekleidungsnäher ausbilden. Nähen kann er längst. Er schließt mit der zweitbesten Note 5 ab. Farnaz bekommt eine Stelle als Pflegeassistentin in einem Heim.

Farnaz und Javid haben den Asylstatus F, von vorläufig Aufgenommenen. Sie wollen heiraten. Zur Bestätigung ihrer Identität auf dem Zivilstandsamt brauchen sie ihre Geburtsurkunden. Doch die Väter in Afghanistan weigern sich, die benötigten Dokumente herauszugeben. Die Kinder sind gegangen, haben sich über den Willen der Väter hinweggesetzt. Jetzt sollen sie sehen, wie sie zurechtkommen. Die Schweizer Behörden können nicht weiterhelfen. Und die afghanische Botschaft in der Schweiz reagiert nicht auf Anfragen.

Im Frühjahr 2017 kommt Farnaz' und Javids Söhnchen Ilia zur Welt. Inzwischen wohnt die kleine Familie in Seebach und hat erstmals ein eigenes Zimmer. Farnaz nimmt Kontakt zu ihrer Mutter auf, heimlich, um ihr die gute Neuigkeit zu überbringen. Die Mutter freut sich, dass es Farnaz gutgeht und über ihren Enkelsohn. Doch der Vater hat in seinem afghanischen Heimatdorf »das Gesicht verloren«, weil er die Heiratsabmachung nicht einhalten konnte. Er will von seiner Tochter nichts mehr wissen.

In der Schweiz, im Kontakt mit anderen afghanischen Migranten, flammt das alte Problem wieder auf: Farnaz ist Sunnitin, Javid Schiit – das gehe doch nicht! Es gibt Gerede; Gerüchte machen die Runde. Inzwischen hat Farnaz erfahren, dass man in der Schweiz auch ohne Trauschein zusammenleben und eine Familie sein kann. Die Heirat, einst das ersehnte Ziel und der Grund zur Flucht, ist heute nicht mehr wichtig.

Warum ist es dem Schweizer Zivilstandsamt nicht möglich, neue Geburtsurkunden auszustellen? Farnaz und Javid sind doch da und wissen, wo oder an welchem Tag sie geboren wurden. Das Recht, eine Familie zu gründen, ist in Artikel 16 der Menschenrechtscharta der Vereinten Nationen festgehalten.

Amira, Kamerun

Lesbisch in Kamerun

Erst gehen wir nebeneinanderher, tauschen uns über Belangloses aus. Dann finden wir eine Parkbank in Mytilini. Sie berichtet. Kurze, abgehackte Sätze. Blick starr geradeaus. Irgendwann weinen wir beide.

»Écoute, hör mir zu! Ich habe mich entschieden. Ich erzähle dir meine Geschichte, das, was mir passiert ist. Weil ich will, dass es anderen Frauen hilft. Dass du schreibst, wie furchtbar schlimm es uns Frauen auf der Flucht ergehen kann. Dann werde ich nie wieder daran denken, und deshalb werde ich auch dich nicht mehr sehen wollen. Okay? Je t'en prie, ich bitte dich!«

Der Tag, an dem Amira entdeckt, dass sie nicht ist wie die anderen Mädchen, ist der Tag, an dem sie ihre Freundin kennenlernt. Sie gehen in dieselbe Schule, sind sich auf den ersten Blick aufgefallen. Bald sind sie unzertrennlich. Als beide schon studieren, wird daraus mehr, und die Probleme nehmen zu. Sie sind inzwischen über dreißig Jahre alt und immer noch unverheiratet. Amira und ihre Freundin haben gelernt, sich zu verstecken. Gleichgeschlechtliche Liebe ist in Kamerun geächtet, egal, ob bei Männern oder Frauen.

Eines Tages wird die Beziehung entdeckt. Amiras Mutter erfährt durch Zufall davon und stellt ihre Tochter zur Rede. Sie verlangt, dass Amira normal werden, sich einen Mann suchen müsse, damit das Gerede aufhöre. Für Amira ist klar, dass sie das nicht kann. Ihre Freundin ist von den Eltern so stark eingeschüchtert worden, dass sie jeglichen Kontakt zu Amira abgebrochen hat. Amira vermisst sie schrecklich. Sie will weg. In ihrem Land sieht sie keine Zukunft für sich.

Amira hat sich einen Pass besorgt, ihre Ersparnisse abgehoben und ist nach Istanbul geflogen. Von dort aus hofft sie, ein neues Leben beginnen zu können. In der Türkei leben viele ihrer Landsleute. Die meisten verdingen sich als billige Arbeitskräfte, um den nötigen Schlepperlohn für die Überfahrt nach Griechenland zu verdienen. Amira findet bei ihnen Aufnahme, hat aber auch bald Kontakt zu Türk:innen. Zwei ihrer neuen türkischen Bekannten laden sie und eine Kollegin in einen Club ein. Amira freut sich, will endlich erfahren, wie es sich anfühlt, freier zu leben. Kaum haben die beiden Frauen im Auto Platz genommen, fallen die Männer über sie her. Den Club sehen sie nie.

In den frühen Morgenstunden finden sich Amira und ihre Kollegin an einer U-Bahn-Station ausgesetzt wieder, vergewaltigt, verletzt, gedemütigt, weggeworfen. Als Amira tief beschämt in ihre Unterkunft zurückkehrt, fängt sie die Frau vom Friseursalon nebenan ab. Das Geschäft stellt sich als Tarnung heraus. Der Salon ist ein Reisebüro für Flüchtlinge.

Dreihundert US-Dollar soll die Überfahrt nach Griechenland kosten. Amira hat genug von der Türkei. Sie bezahlt. Mitten in der Nacht geht es los. Ein Schlepper bringt Amira in einer Gruppe mit anderen Flüchtenden an die Küste. Amira erwartet eine Überfahrt auf einem größeren Schiff. Im Dunkeln erkennt sie Schlauchboote. Ihr wird eine Schwimmweste ausgehändigt. Im Schlauchboot drängen sich bereits viele Menschen. Amira sieht den hohen Seegang. Sie erschrickt und will umkehren. Ein Schlepper bedroht sie mit vorgehaltener Waffe. Wenn sie noch lange Probleme mache, würden sie sie mitten im Meer über Bord werfen. Sie wird grob ins Boot gestoßen.

»Ich habe noch nie so gebetet wie auf dieser Überfahrt«, erinnert sie sich. Sie habe sich dabei für alles entschuldigt, was sie ihren

Eltern angetan habe. Sie kauert auf dem Boden des Schlauchbootes, beißt die Zähne zusammen. Sie kann nichts sehen, spürt nur, wie das Boot von den hohen Wellen hochgehoben wird und unter den lauten Schreien der Flüchtenden ins nächste Wellental stürzt. Neben Amira schreit ein kleines Mädchen in Panik ohne Unterlass auf der ganzen Überfahrt.

Auf Lesbos sitzt Amira eineinhalb Jahre fest. Sie lebt im Lager Moria, bis dieses abbrennt. Dann erhält sie Asyl; Unterdrückung aufgrund sexueller Orientierung ist ein Asylgrund. Nun plant sie den nächsten Schritt. Am liebsten möchte sie in ein französischsprachiges Land. »Ich komme aus Kamerun. Wir sprechen dort Französisch, falls das nicht bekannt sein sollte. Ich verstehe nicht, warum ich nicht in Frankreich aufgenommen werde. Es dauert alles so lang. Dabei könnte ich sofort anfangen zu arbeiten, müsste nicht einmal erst eine neue Sprache lernen. Außerdem habe ich einen Abschluss in Buchhaltung. Kontenführung wird wohl überall gleich gemacht.«

Ihre Schwester, die mehrere Kinder von mehreren Männern hat, lebt in Frankreich. Amira hat sie angerufen und gefragt, ob sie sie aufnehme, nur für kurze Zeit, bis sie sich orientiert habe. Die Schwester schickte ihr anstelle einer Einladung etwas Geld nach Lesbos. Mehr traute sie sich nicht, denn von ihrer Familie wurde Amira verstoßen. Die Mutter sagte ihr beim Abschied, sie sei nicht mehr willkommen. Amira sehnt sich trotzdem nach ihrer Familie. Sie vermisst alle, die Eltern, die Schwestern, die Brüder, ihre vielen Nichten und Neffen.

Inzwischen hat sie mehr Kontakt zu ihrer Schwester in Frankreich. Diese habe sich mit dem Gedanken abgefunden, dass ihre kleine Schwester anders sei, und entdeckt, dass es LGTBQ+ gebe und dass das jetzt modern sei.

Eric und Philippa Kempson,
Flüchtlingshelfer, Lesbos, Griechenland

Die Unerschütterlichen

Während des Gesprächs in Sichtdistanz zum Flüchtlingslager Mavrovouni auf Lesbos raufen sich drei große Hunde zwischen unseren Beinen. Eric versucht sie zu bändigen. Sie hätten schon über ein Dutzend Hunde rund um die Lagerhalle gehabt, in der The Hope Project einquartiert ist, meint Philippa. »Die Freiwilligen verlieben sich in ein Hündchen, das immer größer wird. Und wenn sie nach Hause zurückkehren, lassen sie es da. Was soll man machen.«

Im Jahr 2000 ziehen Philippa und Eric Kempson mit ihrer Tochter Elleni nach Lesbos. Eric betreute bis dahin Löwen und Tiger im Safaripark bei Schloss Windsor. Heute steht dort Lego-Land. Sie kennen die Insel von Ferienreisen und halten sie für einen friedvollen Ort, um Elleni aufwachsen zu sehen. Sie kaufen ein kleines Haus im Norden der Insel, beim Ferienort Molivos. Touristen kommen reichlich auf die Insel. Eric ist inzwischen Künstler. Der Verkauf seiner Bilder im eigenen Laden sorgt für den Unterhalt. Als die Dorfbewohner merken, dass die britische Familie über den Winter bleiben wird, beginnen sie zu murren. Im Winter wollen sie ihre Ruhe. Sie machen es Philippa und Eric nicht einfach. Die beiden wohnen in der Nähe des Strandes von Eftalou an der Nordküste von Lesbos, wo schon damals vereinzelt Flüchtlingsboote ankommen.

Im November 2014 beschließen Philippa und Eric, mit Elleni einen Ausflug zu unternehmen und mit dem Schiff in die Türkei zu fahren. Der Sommer war besonders arbeitsintensiv gewesen. Sie hatten nicht mitbekommen, was um sie vorging. Sie sind überrascht, als sie in Mytilini am Hafen ankommen und auf Hunderte Flüchtlinge treffen, die in der prallen Sonne auf dem Parkplatz des Fährbetriebes ausharren. Niemand scheint sich um sie zu kümmern. Es gibt kein Wasser, nichts zu essen, keinen Schatten, eine einzige überflutete Toilette. Der Tag wird das Leben der Kempsons verändern. Genießen können sie ihren Ausflug nicht mehr. Sie denken den ganzen Tag an die Geflüchteten und kaufen noch in der Türkei Lebensmittel und Wasser für sie ein. Zurück in Molivos, recherchieren sie im Internet. Sie sind alarmiert. Vor ihrer Haustür spielt sich ein Drama ab, von dem offensichtlich kaum jemand Kenntnis hat. »Damals«, sagt Eric, »sprachen alle nur von Lampedusa.«

Das Ehepaar beginnt am Strand von Eftalou Ausschau zu halten. Die Boote mit den Flüchtlingen kommen regelmäßig. Morgens bringen die Kempsons ihre Tochter zur Schule und kaufen anschließend Lebensmittel für die Geflüchteten. Bezahlt wird aus der eigenen Tasche. Eric und Philippa gehören zu den ersten Flüchtlingshelfern auf Lesbos.

Immer mehr Flüchtlingsboote treffen auf der Ferieninsel ein. Philippa sagt: »Ich erkenne meist schon von weitem, was für ein Boot kommt. Syrische Flüchtlinge sitzen totenstill da. Afghanen schreien vor Angst.« Noch immer gibt es von offizieller Seite keine Hilfe. Im Mai 2015 geleiten Eric und Philippa, häufig auch Elleni, täglich rund tausend Geflüchtete aus den Booten an Land. Sie werden von anderen Freiwilligen, meist Feriengästen, unterstützt. Neben ihnen sind auch andere »Helfer« am Strand. Sie haben es auf die Motoren der zurückgelassenen Schlauchboote abgesehen.

Den Kempsons geht das Geld aus. Eric kommt nicht mehr zum Malen. Sie schenken den Flüchtlingen, was sie entbehren können, oft auch mehr: Decken, Kleider, Essen. Einmal verschenkt Philippa sogar Erics Schuhe, was er ihr bis heute lachend vorhält. Touristen fangen an, Geld für die Flüchtlinge zu spenden.

Im Ort spitzt sich die Situation zu. Die Einwohner:innen machen Stimmung gegen die Flüchtlinge, die das Touristengeschäft verderben. Sie sagen: »Wenn du einer Katze hilfst, kommen morgen zehn weitere.« Philippa und Eric werden nun erst recht ausgegrenzt. Unbekannte zerstören ihren Gartenzaun, demolieren das Auto. Es kommt zu Todesdrohungen in den sozialen Medien. Man ruft dazu auf, Elleni zu vergewaltigen. Eric und Philippa nehmen die Drohungen ernst, geben aber nicht auf. Sie werden angezeigt, Menschenschmuggel zu betreiben, weil sie den Flüchtlingen helfen. In Griechenland ist es verboten, Migrant:innen im Auto mitzunehmen. Eric und Philippa kümmern sich nicht darum und fahren Geflüchtete vom Strand zum Laden, zur Apotheke, zum Arzt.

Als Eric einen Anruf bekommt, in dem ihm gedroht wird, alle drei Kempsons am nächsten Olivenbaum aufzuhängen, lässt er das Mobiltelefon eingeschaltet und fährt damit zur Polizei. Der Polizist hört den Mann am anderen Ende seine Flüche und Drohungen ausstoßen. Dann erklärt er sich für nicht zuständig und meint, Eric solle am nächsten Tag wiederkommen. Eric und Philippa gehen rechtlich gegen die Hasser vor. Der Rechtsstreit kostet Nerven und Geld. Am Ende wird ein in England wohnhafter Grieche für seine »Posts« verurteilt.

Immer noch gibt es kaum Hilfe von offizieller Seite. Inzwischen sind die Medien auf das Flüchtlingsproblem aufmerksam geworden, und langsam schafft es das Flüchtlingsdrama auf die Frontseiten. Philippa und Eric fordern am Strand kurzerhand die zahlreich angereisten Reporter und Fotografen auf, anzupacken. Philippa erzählt: »Ich sagte: ›Kamera runter, helft!‹« Touristen, die das Elend der Flüchtlinge mitbekommen, räumen in ihren Hotels die Frühstücksbuffets ab. Bis aufs letzte Stückchen Butter hätten zwei deutsche Touristinnen alles mitgenommen, lacht Philippa.

Die Flüchtlinge müssen von der Nordküste bis zur Registrierung in Mytilini zu Fuß gehen. Der Marsch dauert drei Tage. Touristen kaufen ihnen Sonnenhüte, schenken ihnen ihre Schuhe oder mieten

Busse, deren Betreiber horrende Preise verlangen. Die Feriengäste, schockiert vom Ausmaß der Tragödie, hinterlassen Geld in den Läden und der Apotheke in Molivos für die Flüchtlinge. Als sich Eric erkundigt, sind fünfzehntausend Euro gespendet worden. Erst im September 2015 wird sich die Regierung darum kümmern, dass die Geflüchteten mit Bussen zur Registrierung nach Mytilini und ins Lager Moria gebracht werden.

Ende Juni 2015 kommen erste Freiwillige, die Eric und Philippa angeworben haben. Das Flüchtlingshilfswerk der Vereinten Nationen (UNHCR) hat an der Nordküste von Lesbos ein Empfangslager eingerichtet, sechs Männertoiletten, vier Frauentoiletten, ohne Dach. Das International Rescue Committee (IRC) und Ärzte ohne Grenzen starten ihre Hilfsaktionen ebenfalls im Juni 2015. Aber die Hilfe reicht hinten und vorne nicht.

Philippa und Eric erleben tief betroffen mit, wie Männer, Frauen, Kinder am Strand sterben. Sie nehmen an, dass ihre improvisierte Hilfestellung nur die Zeit überbrücken muss, bis die koordinierte Hilfe aus Europa anrollt. Aber weder bricht der Flüchtlingsstrom ab, noch kommt Hilfe. Inzwischen arbeiten Philippas Mutter und Tochter Elleni im Laden, um mit dem Verkauf von Touristenartikeln die Familie finanziell über Wasser zu halten.

Eric erzählt, dass im Sommer 2015 viele Flüchtende direkt aus dem Krieg in Syrien kamen. Sie litten unter Chlorverbrennungen, Granatsplittern, Schnitt- und Schusswunden. Gemeinsam mit Philippa steht er mit dem Erste-Hilfe-Köfferchen aus dem Auto am Strand und fühlt sich unendlich hilflos. Mit den Kriegsverletzungen sind sie völlig überfordert. Es fehlt an allem, medizinischen Kenntnissen, Verbandsmaterial, Schmerzmitteln. Viele Wunden haben sich auf der Flucht entzündet. Der Anblick von Verletzungen mit Wundbrand sei eine ihrer schlimmsten Erinnerungen, sagt Philippa. Den Geruch werde sie nie wieder vergessen. Unter den Geflüchteten selbst finden die beiden mit ihrer unkomplizierten, offenen Art rasch fähige Helfer. Es sind vor allem Männer, die in ihren Heimatländern beim Militär waren. Während ihrer Ausbildung haben sie auch Wundversorgung gelernt, vor allem bei Schussverletzungen.

Im August 2015 treffen erste freiwillige Ärzte und Pflegefachleute auf der Insel Lesbos ein. Eric sagt: »Das waren harte Kerle. Die stiegen zu Hause ins Flugzeug. Setzten sich in Mytilini in einen Mietwagen, standen eineinhalb Stunden nach der Landung am Strand in Eftalou und versorgten Flüchtende.« Eine Krankenschwester aus Norwegen besucht das Grab eines Geflüchteten auf Lesbos immer wieder; sie konnte ihn nicht retten. Er hatte eine große, entzündete Splitterwunde im Brustkorb. Die schlimmste Wunde, die sie je gesehen habe. Sie verlor ihren Patienten am ersten Tag ihres Freiwilligeneinsatzes. Jahre später stieß Eric einmal am Strand bei Eftalou auf einen jungen Syrer aus Dänemark. »Er saß da und weinte, überwältigt von dem, was sein Vater auf sich genommen hatte, damit er in Freiheit aufwachsen konnte.«

»Im Sommer 2015 kannten sich alle Helfer:innen«, sagt Eric. Ihre Zahl war überschaubar. Sie arbeiteten Hand in Hand, egal, ob sie von einem bekannten Hilfswerk wie Ärzte ohne Grenzen waren oder Mitglieder einer Gruppe von Lebensrettern vom Strand in Barcelona, die spontan nach Lesbos geflogen waren. Eine eingeschworene Gemeinschaft entstand, konzentriert auf die Hilfe für die Not leidenden Geflüchteten. Alle waren in engem Kontakt, machten sich auf ankommende Boote aufmerksam, organisierten sich, fanden Lösungen, lernten aus Fehlern.

Anfang September 2015 geht das Bild des toten Ayan Kurdi um die Welt. Es muss als Gründungsmythos verschiedener Hilfswerke herhalten. Mit ihm startet die Invasion der Helfer:innen auf Lesbos. Nun ist die Weltöffentlichkeit endgültig auf die Zustände in Griechenland aufmerksam geworden. Die neuen Helfer:innen wohnen im Strandhotel, linsen mit dem Feldstecher auf die Meerenge zwischen der Türkei und Griechenland. Nachts halten sie Wache an großen Strandfeuern, die den Booten die Richtung weisen sollen.

Gleichzeitig kommen Sensationsjournalisten auf die Insel, die sich darin überbieten, dramatische Schlagzeilen und spektakuläre Bilder zu veröffentlichen.

Die neuen Helfer:innen überrennen die entstandene Struktur. Auf manche NGOs sind Eric und Philippa schlecht zu sprechen: »Die kommen, kassieren Spenden und machen, außer Empathiebekundungen, nicht viel. Und kaum hier, sind sie wieder weg.« Eric sagt: »Diese Leute standen am Strand, schrien ›Baby, Baby, Baby!‹ und rissen den ankommenden Familien die Kinder aus den Armen, um sich damit ablichten zu lassen!« Eric und seine Flüchtlingshelfer hatten inzwischen Erfahrung darin, wie man ein Gummiboot an den Strand bringt, die Menschen sicher aussteigen lässt. Sie dirigieren die Boote von den felsigen Küstenabschnitten weg zu den Kiesstränden. Die neuen Helfer:innen hingegen drängten sich gegenseitig weg, wateten, egal wo, weit ins Meer hinaus, um als Erste bei einem ankommenden Boot zu sein. Eric beobachtete Medienleute, die angekommene Flüchtende nicht gleich aussteigen ließen, um Bilder von dramatisch auf den Wellen schaukelnden überfüllten Booten schießen zu können.

Philippa erzählt, es sei jedes Mal eine Erleichterung, wenn es wieder ein Boot mit verängstigten, vom Krieg oder ihren Fluchterlebnissen überwältigten Menschen an Land geschafft habe. Zuerst müsse immer der Motor des Bootes ausgeschaltet und dann der Bug an Land gezogen werden. Danach könnten alle aussteigen, einer nach dem anderen. Philippa schärft ihren Freiwilligen ein, ruhig zu bleiben. Oft werden Geflüchtete, kaum haben sie das rettende Ufer erreicht, aufgrund der Anspannung ohnmächtig. Anfangs waren Eric und Philippa überrascht. Bald fanden sie ihre Methoden, die Bewusstlosen wieder aufzuwecken. Viele Flüchtende sind unterkühlt. Eric und Philippa haben gelernt, auf die entsprechenden Anzeichen zu achten. Wer nicht vor Kälte zittert, kann unter Schock stehen. Die meisten Ankommenden sind durchnässt. Philippa sagt: »Erwachsenen kannst du natürlich nicht wie Kindern die nassen Sachen am Strand einfach ausziehen. So haben wir ein System entwickelt, ihnen die Isolierdecken am Rücken unter den nassen Kleidern hoch bis zum Hals zu ziehen. Während wir das taten, wurden ihnen von den neuen Helfer:innen Bananen aufgedrängt.«

Nie vergessen werde er den Tag, meint Eric, als ein Boot mit einer Gruppe Kurdinnen landete. Die Frauen wirken unerschrocken, solidarisch. Eric schloss sie sofort ins Herz und lud sie ein, ein paar Tage zu bleiben, um bei den Bootsrettungen zu helfen. »Sie waren großartig, hatten alles im Griff, obwohl ja auch sie Flüchtende waren. Wir haben viel zusammen gelacht. Überhaupt haben wir viel gelacht. Bei all den schrecklichen Erlebnissen haben wir wunderbare Menschen kennengelernt. Von Anfang an haben wir diese Menschen als ebenbürtig behandelt. Natürlich sind sie Betroffene. Dass sie es bis hier geschafft haben, beweist aber gerade ihre Stärke.«

Eric und Philippa hofften, dass sich die Lage im Laufe des Jahres 2016 durch den EU-Türkei-Vertrag beruhige und sie endlich zu ihrem Leben zurückkehren könnten. Weit gefehlt. Die ankommenden Boote werden größer. Viele von ihnen sind nun aus Holz. Gegen Gummiboote lässt sich viel einwenden. Meist sind sie überfüllt, sodass Wasser ins Boot schwappt. Bei hohem Wellengang sind sie instabil und können leicht kippen. Aber sie gehen nicht unter. Bleiben Luftkammern intakt, können sich die Menschen daran festhalten und gerettet werden. Ein Boot aus Holz, Stahl oder Kunststoff, das vollläuft, sinkt innerhalb von Sekunden. Meistens fahren die Schlepper nicht auf den Booten mit. Sie starten den Motor, übergeben jemandem im Boot das Kommando, steigen aus und stoßen das Boot aufs Wasser. Oder sie fahren ein Stück mit aufs Meer hinaus; ein kleines Beiboot fährt nebenher. Dann wird das Steuer fixiert, der Schlepper springt ins Beiboot, und das Boot wird mit seinen flüchtenden Insassen dem Schicksal überlassen. Der Schlepper fährt zurück. Im Jahr 2015 kostete die Überfahrt für

Afghanen achthundert US-Dollar, für Syrer mindestens tausend US-Dollar, eher mehr. Die Schlepper wissen, dass Syrer mehr Geld haben, aber auch verzweifelter sind. Nach dem EU-Türkei-Vertrag steigen die Preise. Die Schlepper lassen die Flüchtlinge glauben, die größeren Boote seien sicherer. Die Passage auf einem dieser angeblich sicheren Schiffe kostet jetzt 2400 bis 2800 US-Dollar pro Person. Dabei sind die Boote meist kaum seetüchtig. Mit 450 Menschen an Bord werden diese schrottreifen Fischerboote zu Seelenverkäufern. Eric berichtet: »Wenn sich diese großen, schweren Boote nähern, sind sie führerlos, aber in Fahrt. Du musst zuerst aufs Schiff steigen, dich an allen Flüchtenden, die außer sich sind und so rasch wie möglich aussteigen wollen, vorbeidrängen und in den Maschinenraum gelangen, um das Kabel von der Batterie zu trennen. Erst dann kann gefahrlos ausgestiegen werden.

Als eines der Boote unterging, konnte ein großer, schwerer Mann gerettet werden. Er war bewusstlos. Später stellte sich heraus, dass er an einem diabetischen Schock litt. Es brauchte lange und mehrere Helfer, um ihn ins rettende Boot zu hieven. Unterdessen ertranken andere Menschen. »Es war furchtbar, das mit anzusehen, nichts tun zu können.« Eric und Philippa fragen sich, ob es richtig war, diesen einen Mann zu retten. Und sie fragen sich, ob sie sich diese Frage stellen dürfen.

Im Oktober 2018 beobachtet Eric, wie ein Schrottkahn, vollgepackt mit Flüchtlingen, vor seinen Augen versinkt. Menschen in Rettungswesten ploppen an die Wasseroberfläche. Eric steht verzweifelt auf dem Dach eines Autos und lenkt das zu Hilfe eilende Boot des europäischen Grenzschutzes Frontex zur Unglücksstelle. Später berichten Überlebende, dass rund dreihundert Menschen auf dem Schiff waren. Frauen und Kinder saßen unten im Schiffsrumpf, weil angenommen worden war, dort sei es für sie sicherer. Das Boot sei in der Nähe der Küste leckgeschlagen und rasch mit Wasser vollgelaufen. Vierundsiebzig Menschen starben im Wasser. Viele der Geretteten kannten Ertrunkene. Flüchtlinge reisen oft über längere Strecken in Gruppen, werden zu Schicksalsgemeinschaften. Sie wissen genau, wer vermisst wird, wer ertrunken ist.

Als es Ende 2016 kälter wird und der Winter kommt, entschließen sich Eric und Philippa, eine Anlaufstelle für Geflüchtete in der Nähe des Lagers Moria bei Mytilini aufzubauen. Das Zusammenleben mit den Einheimischen in Molivos, im Norden der Insel Lesbos, ist inzwischen unerträglich geworden. So entsteht das Hilfswerk The Hope Project. Eric und Philippa mieten eine Fabrikhalle und richten dort ein »Warenhaus« mit gespendeten Kleidern, Hygieneartikeln und Spielsachen ein. In einem Nebenraum entsteht ein Kunstatelier. Eric erteilt den Geflüchteten Malunterricht und bietet ihnen damit einen Lichtblick angesichts der schwierigen Umstände im Flüchtlingslager Moira. Er unterstützt sie auch beim Verkauf ihrer Kunstwerke.

Bis heute ist The Hope Project nicht beim griechischen Staat registriert. Das Hilfswerk gibt auch Essen an Geflüchtete aus, in Spitzenzeiten, zum Beispiel als im Lager Moria über 20 000 Menschen lebten, täglich 2000 bis 2500 Mahlzeiten. Die Kempsons überließen von Anfang an den Geflüchteten die Führung der Organisation und setzten dabei auf deren internes Wissen. In ihrem Gemeinschaftszentrum gibt es kein Anstehen für Essen wie im Lager Moria. Die Verantwortung für die Essensverteilung haben Mitglieder der einzelnen Volksgruppen. Philippa sagt: »Die mentale Gesundheit der Familien ist wichtig. Männer sind dabei oft stärker unter Druck. Frauen kommen eher klar, sind resilienter. Sie haben ihre Kinder, ihre täglichen Haushaltsverrichtungen. Ehemänner und Väter fühlen sich dagegen oft schuldig, weil ihre Kinder leiden, ihre Frauen im Schmutz leben müssen. Dabei geht jede Volksgruppe anders mit Schmerz um. Meine Erfahrung ist, dass sich Syrer kaum äußern. Sie leiden im Stillen.« Dann sagt sie: »Ich mag den Ausdruck Flüchtling nicht. Das ist nur ihr Status, beschreibt aber nicht, wer sie sind.«

Die Fabrikhalle, in der das Warenhaus und das Kunstatelier von The Hope Project untergebracht sind, befindet sich an der Straße nach Mytilini. Genau dort stranden die Flüchtlinge nach dem verheerenden Brand im Lager Moria im Herbst 2020. Von einem Moment auf den anderen sind Tausende Flüchtlinge obdachlos und sitzen bei Eric und Philippa vor der Tür. Die beiden stellen den Ärzten ohne Grenzen sofort ihre Räumlichkeiten zur Verfügung. Eric sagt: »Ich räumte die Malsachen vom Tisch. Sie setzten sich und organisierten die Hilfe. Vor denen habe ich Respekt. Die haben Krisenmanagement echt drauf.«

Im Warenhaus von The Hope Project werden Kleiderspenden aus ganz Europa sortiert und an Bedürftige ausgegeben. Auch das machen Geflüchtete, die ihre Landsleute bedienen. Viele der Helfer:innen im Warenhaus sind Geflüchtete, die in den Lagern Moria und später in Mavrovouni leben. Sie verteilen Tickets, die dazu berechtigen, an einem bestimmten Tag Kleider zu holen. Die Betreffenden kommen vorbei, teilen ihre Wünsche den Helfer:innen mit, die eine entsprechende Auswahl heraussuchen. Pro Tag werden 150 bis 200 Menschen bedient. Eric und Philippa sind überzeugt, dass es in Hinblick auf Selbstachtung und menschliche Würde gut ist, sich seine Kleider selbst auszusuchen.

Auch im Sommer 2021 organisiert The Hope Project Hilfe für Geflüchtete. Viele Menschen aus Mavrovouni haben inzwischen ihre Papiere für die Weiterreise aufs griechische Festland erhalten. Wer Asyl bekommen hat, wird nach weiteren sechs Monaten nicht mehr finanziell unterstützt. Auch diejenigen, deren Asylantrag abgelehnt wird, kippen aus dem System und erhalten weder durch den griechischen Staat noch die EU weitere Hilfe. An dem Punkt springt The Hope Project ein. Jeden Samstag werden für diese bedürftigen Flüchtlinge Lebensmittel, Windeln, Hygieneartikel bereitgestellt. Sie müssen sich davor bei The Hope Project registrieren und ihre Waren selbst abholen. Dabei können sie ihre Bestellung für die kommende Woche aufgeben. Im Juni 2021 sorgt The Hope Project auf diese Weise für rund hundert Flüchtlingsfamilien und Allein flüchtende, die auf Lesbos nicht mehr von offizieller Seite unterstützt werden und hier in perspektivloser Armut leben. Auch in diesem Bereich sind beim Hope Project Geflüchtete für die Logistik wie Einkaufen, Packen und Zuteilen zuständig.

Im neuen Lager Mavrovouni, das als riesige Zeltsiedlung nach dem Brand von Moria entstand, waren Eric und Philippa noch nie. Dazu müssten sie ihr Hilfswerk bei der griechischen Regierung registrieren lassen und sich dazu verpflichten, keine negativen Äußerungen über das Lager zu machen. Das liegt ihnen nicht. Sie bekommen die Konflikte im neuen Lager trotzdem mit. Gruppen junger, unbeschäftigter Männer machen auch im neuen Lager das Leben unsicher. Einmal seien es Somalier, in der nächsten Woche Afghanen, sagt Eric. Die jungen Männer tauchten auch im Warenhaus auf und drohten, sofern nicht Kleider und Geld herausgerückt würden, die Mitarbeiterinnen zu vergewaltigen. Eric, der selbst lange auf der Straße gelebt hat, stellt als Reaktion auf die Drohungen sofort die Hilfsleistungen für die betreffende Flüchtlingsgruppe ein. Die jungen Männer entschuldigten sich schnell. »Die Afghanen waren nach drei Tagen da. Bei den Somaliern dauerte es etwas länger.« Ihre Landsleute hatten den jungen Männern den Kopf zurechtgesetzt.

Besonderen Anklang fand immer das Kunstatelier, das Eric in einem der Räume der gemieteten Fabrikhalle eingerichtet hat. Hier liegt der Fokus darauf, einen Beitrag zur mentalen Gesundung und zur Kräftigung der Widerstandsfähigkeit der Geflüchteten zu leisten. Im Atelier lernen unter anderem Männer, Frauen, darunter viele Jugendliche, unter Erics Anleitung mit Farbe und Pinsel umzugehen. Hier sind sie keine Flüchtlinge, sondern Kreative. Die fertigen Werke stehen zum Verkauf. Die Erlöse kommen der Künstlerin oder dem Künstler zugute. Eric achtet darauf, dass die Preise angemessen sind.

Das Kunstatelier des Hope Projects ist inzwischen international bekannt. Ein Bild hat es sogar zum Papst nach Rom geschafft. Die

Künstlerin durfte es Papst Franziskus persönlich überreichen. Sie lebt heute in Italien. Das Bild ist ein Porträt des Papstes. Ein Sekretär des Papstes war darauf aufmerksam geworden, als er sich auf Lesbos über die Flüchtlingssituation informierte. 2019 wurden einige Werke von Künstler:innen aus Erics Workshop in einer Auktion bei Christie's versteigert.

Das Kunstatelier war von Anfang an ein Gemeinschaftsprojekt. Dort sind viele geflüchtete Menschen aufgetaucht, die in ihrer Heimat gefeierte Künstler:innen, Autor:innen oder Musiker:innen waren. Sie gaben ihr Wissen weiter oder führten Veranstaltungen durch. Eine der ersten Veranstaltungen war ein Abend mit Lesungen von Frauen, die ihre Fluchtgeschichten erzählten. Eine der Frauen ist Nazanin, geboren 1989 (siehe S. 99). Sie ist aus Iran geflüchtet und war in ihrer Heimat eine gefragte Food Designerin, die für festliche Anlässe kunstvolle Ornamente in Früchte schnitzte. Philippa sagt: »Es war wunderbar, wie die Frauen erzählt oder vorgelesen haben. Aber die Geschichten waren grauenhaft. Sie verfolgen mich bis heute.«

Ήταν σαν να έρχομαι
σε εμπόλεμη ζώνη.
Στην ίδια μου τη χώρα.

(Griechisch)

Es war, als käme ich in ein Kriegsgebiet.
In meinem eigenen Land.

Konstantina Papaioannidou

Konstantina Papaioannidou, Psychologin, Lesbos, Griechenland

Du bist deine Gefühle

Konstantina Papaioannidou wurde 1993 geboren und ist Griechin. Ich treffe sie im schattigen Garten des Mosaik Support Center, einer der verschiedenen Anlaufstellen des Flüchtlingshilfswerks Lesbos Solidarity in Mytilini.

»Ich war etwa zwanzig und machte mit meinen Eltern Ferien auf Lesbos«, erzählt Konstantina. Verängstigte Menschen, die am Strand den Gummibooten entsteigen und sich in langen Kolonnen auf die Stadt zubewegen, sind ihr erster Eindruck von einem Phänomen, das bald als europäische Flüchtlingskrise in die Schlagzeilen kommt. Konstantina beendet ihr Psychologiestudium mit dem Master; ihre Arbeit trägt den Titel »Sozialpsychologie des Konflikts«. Sie findet eine erste Anstellung in der Krisenintervention in den berühmt-berüchtigten Squats im Athener Viertel Exarcheia. In den besetzten Häusern haben sich Aussteiger, aber auch Flüchtlinge einquartiert. In Exarcheia entwickelt sich unter Asylsuchenden eine hierarchisch organisierte Bandenkultur mit einer Führungselite, die ihren Machtanspruch mit brutaler Gewalt durchsetzt. Die Leidtragenden sind wie so oft die Frauen. Vergewaltigungen sind ein gängiges Mittel, sie gefügig zu machen, um sie in die Prostitution zu zwingen. Meist wird die Vergewaltigung gefilmt, der Film dann als Druckmittel eingesetzt; würde er veröffentlicht, wäre die Frau für immer entehrt und, je nach Herkunftskultur, sogar mit Ehrenmord bedroht. »Es war ein hartes Umfeld für mich als frischgebackene Sozialpsychologin.«

Konstantina leidet darunter, dass sie zwar die traumatisierten Frauen betreuen, die Vergewaltiger aber nicht zur Rechenschaft ziehen kann. Ihr bleibt nur zu beobachten und zu beschützen, so gut es geht. »Mit Konflikten und belastenden Situationen umzugehen, musst du lernen, sonst machst du deinen Job drei Monate und hast ein Burn-out«, sagt sie. Sie nimmt sich im Familienzentrum der Frauen und Kinder an, ist bestürzt, mit welcher Gleichmut ihr Handyfilme gezeigt werden, auf denen zu sehen ist, wie Bomben einschlagen und das eigene Haus einstürzt, mit den Menschen, die darin leben.

Wer in Griechenland Asyl bekommt, verliert nach sechs Monaten seinen Anspruch auf finanzielle Unterstützung und Unterkunft. Die Menschen werden buchstäblich auf die Straße gesetzt und landen nicht selten in einem der besetzten Häuser des Anarchistenviertels. Natürlich nur, wenn sie Glück haben. Andernfalls leben sie auf der Straße.

Das Familienzentrum, in dem Konstantina arbeitet, deckt in erster Linie die Grundbedürfnisse der Geflüchteten. Ein weiteres Angebot ist die psychosoziale Unterstützung. Fast alle Geflüchteten im Zentrum leiden unter posttraumatischen Belastungsstörungen. »Sie brauchten dringend das Gefühl, geschützt zu sein. Diese Störungen zeigen sich unter anderem daran, dass sich die Betroffenen ständig bedroht fühlen«, sagt Konstantina. Sicherheit zu vermitteln, gelingt nicht immer. »Oft geht es nur darum, Wege zu finden, das Trauma zu überleben, weiterzumachen.« Sie ist mit der Hoffnung der Frauen konfrontiert, weiter nach Europa hinein zu reisen, bald eine Arbeit zu finden. Das Traumziel ist Deutschland. Dort, das denken alle, sind die Menschen frei, sicher und reich. Und dort erhalten Kinder eine gute Ausbildung. Konstantina hört oft, dass das Wohlergehen und die Chancen der Kinder wichtige Fluchtgründe waren. Die eigenen Bedürfnisse stellen die Eltern oft hintenan.

Nur wenige hatten sich vorgestellt, wie entwurzelt sie sich fühlen würden.

Konstantina entwickelt ihren Umgang damit. Als nächsten Schritt möchte sie eigentlich bei einer Organisation mit psychosozialem Ansatz in einem Entwicklungsland arbeiten. Inzwischen wird der Vertrag zwischen der EU und der Türkei geschlossen. Tausende geflüchteter Menschen sitzen auf den fünf griechischen Inseln fest, die dem türkischen Festland am nächsten sind. Europa tut sich schwer, seinen südlichen Mitgliedsstaaten die Flüchtlinge abzunehmen. Angesichts der dramatischen Situation entscheidet sich Konstantina schließlich für Lesbos.

Als sie dort eintrifft, stellt sie fest, wie sehr sich die Insel verändert hat. Aus dem ehemaligen Ferienziel ist ein Hotspot der Flüchtlingskrise geworden. Und ein Tummelplatz für Helfer:innen. Viele NGOs haben auf der Insel Stellung bezogen. Konstantina kommt das Durcheinander der NGOs problematisch vor, zu unorganisiert, zu unprofessionell, zu wenig nachhaltig und nicht ausreichend.

Nachdem Konstantina sich orientiert hat, beschließt sie, dass ein Einsatz unter dem Schirm einer internationalen Organisation für sie nicht infrage kommt. Sie heuert bei der Hilfsorganisation Lesbos Solidarity an, die ein Ausweichlager für besonders verletzliche Flüchtlinge führt, das Camp Pikpa. »Im großen Flüchtlingslager wäre meine Unterstützung bei der Stressbewältigung nicht möglich gewesen. Die durch die Flucht und ihre Erlebnisse, die zur Flucht führten, oft traumatisierten Menschen sind dort weiterhin täglichem Stress ausgesetzt. Vor allem die Frauen leben in ständiger Angst vor Übergriffen. Was hätte ich ihnen anbieten sollen? Wie hätte ich von ihnen verlangen sollen, dass sie sich auf ihre Widerstandskräfte konzentrieren? Das erschien mir angesichts ihrer Situation als unmöglich. Alles, was ich hätte sagen wollen, war eigentlich, dass sie sofort aus dem Lager hinaussollten.«

Im Camp Pikpa leben rund achtzig geflüchtete Menschen, vor

allem Familien mit Kindern, die traumatische Erlebnisse hinter sich haben und als besonders verletzlich gelten. Die Geflüchteten stammen hauptsächlich aus Afghanistan, wie die Mehrheit der Geflüchteten in Griechenland. Es gibt auch Menschen, die aus Syrien, Pakistan oder aus Somalia, dem Kongo und Kamerun geflüchtet sind. Konstantina und ihre beiden Kolleginnen bieten psychosoziale Unterstützung an, schlichten bei Konflikten von häuslicher Gewalt und betreuen Menschen mit akuten posttraumatischen Stresssymptomen. Das bedeute, sagt sie, immer mit offenen Augen für dein Gegenüber da zu sein, auf kleinste Anzeichen zu achten. Die Betroffenen hätten alle mit mehreren verschiedenen Belastungen zu kämpfen. Wenn sie von Erlebnissen getriggert würden, koppelten sie sich häufig emotional von der Gegenwart ab, um sich, ihre Psyche zu schützen. Ein Zusammenbruch könne von einer Schüttelattacke begleitet sein, oft auch ohne äußere Anzeichen erfolgen.

Neben der Gewährung von Sicherheit geht es im Camp Pikpa darum, die Geflüchteten darin zu unterstützen, dass sie wieder die Kontrolle über ihr Leben zurückgewinnen. Das Camp macht den Eindruck einer großen Gemeinschaft, an der alle gleichermaßen teilnehmen. Dinge werden miteinander entschieden. Es gibt Aktivitäten und Aufgaben. Mittags wird für alle gekocht. Freiwillige und Geflüchtete helfen mit. Außerdem bekommen die Familien Lebensmittel, damit sie in ihren Unterkünften für sich kochen und zu einem normalen Familienleben zurückfinden können.

Konstantina kann nicht mehr zwischen Arbeit und Freizeit unterscheiden. Die Nähe zu den Betroffenen bringt es mit sich, dass sie – wie die meisten Helfer:innen – viel ihrer Freizeit im Camp verbringt.

Im Camp Pikpa gelten die Regeln, keine Drogen, kein Alkohol, keine Gewalt. Sie werden streng überwacht. Konstantina sagt: »Die Männer verstehen, dass Gewalt im Camp nicht geduldet wird. Sie haben nur nicht begriffen, dass auch die Gewalt gegen ihre Ehefrauen und Kinder gemeint ist.« Um die Spirale der Gewalt, aus der die Geflüchteten oft kommen, zu durchbrechen, führen Konstantina und ihre Kolleg:innen lange Gespräche. Sie ergründen, woher die Aggressionen kommen, und schaffen Schritt für Schritt Verständnis dafür, dass beispielsweise die Gefühle, die der Mann hatte, als er von seinem Vater verprügelt wurde, ihn dazu verleiten, seinem Sohn das Gleiche anzutun. Mit der Zeit verinnerlicht der schlagende Vater, dass das Weitergeben seiner Wut niemandem nützt. Das Schlagen hört auf. Konstantin erzählt von einer Frau aus Afghanistan, die im Camp Pikpa richtig aufblühte. Sie beteiligte sich an den Aktivitäten, brachte sich ein, diskutierte mit, übernahm Verantwortung – bis zu dem Tag, als sie ihr Mann vor allen anderen verprügelte. Obwohl rasch eingegriffen wurde, saß die Demütigung tief.

Wenn eine Person ihre Geschichte erzählen will, ist das gut. Wenn nicht, dann akzeptiert Konstantina das auch. Wenn die Person aber in ihrer Geschichte gefangen bleibt und sich selbst nur als Opfer sieht, versucht Konstantina, ihrem Gegenüber neue Wege, neue Ansätze zu zeigen. »Das beginnt natürlich nicht am ersten Tag. Die Menschen müssen erst einmal ankommen, sich hier einleben.« Für Menschen mit posttraumatischer Belastungsstörung fühle sich nichts sicher an. Die Gefühle können die Betroffenen jede Minute überwältigen, sie zu einem zitternden Häufchen Elend werden lassen. Konstantina sagt: »Du bist deine Gefühle. Aber du bist nicht das arme Opfer. Dein Weg zur Befreiung beginnt damit, dass du dein Leben wieder selbst in die Hand nimmst.«

Das Flüchtlingslager Pikpa der Gruppe Lesvos Solidarity wurde 2012 von Griech:innen auf Lesbos gegründet. Es beherbergte im selben Jahr rund sechshundert besonders verletzliche Geflüchtete und gab pro Tag rund dreitausend Essen aus. Untergebracht wurde es in einem Wäldchen nicht weit vom Flughafen auf dem Areal einer Ferienkolonie; die kleinen Holzhäuser standen leer. Lesvos Solidarity erfuhr breite Unterstützung durch die Bevölkerung aus Mytilini, die Essen und finanzielle Mittel spendeten. Das Camp wurde zu einer zentralen Anlaufstelle für Flüchtlinge der Insel. Eine der Gründer:innen, Efi Latsoudi, wurde 2016 für ihren Einsatz mit dem Nansen Refugee Award vom UNHCR ausgezeichnet. Pikpa Camp und das von der Stadt Mytilini geführte Camp Kara Tepe bei Moria wurden im Oktober 2020 auf Beschluss der griechischen Behörden geschlossen. Die Flüchtenden mussten in das neue Uno-Flüchtlingslager Mavrovouni umsiedeln. Dort sind die Bedingungen für traumatisierte Menschen allerdings schlechter.

Yvette, Kamerun

Die Schwierigkeit zu erzählen

Im Camp Pikpa kochen wir Marmelade. Der große Gasbrenner soll entzündet werden. Das Ding steht vor mir auf dem Boden. Ich bin unschlüssig. Der Brenner wird mit einer Stichflamme hochgehen, fürchte ich. Yvette taucht neben mir auf, sieht mich von ihrer imposanten Höhe herab amüsiert an und nimmt mir den Anzünder aus der Hand. »Laisse moi!«, sagt sie. Klack, klack, der Brenner speit tatsächlich Flammen, denen Yvette mit eleganter Gelassenheit ausweicht. »Voilà! So macht man das.«

Beim Umrühren des köchelnden Fruchtsuds fängt sie an, von ihrer Flucht zu sprechen. Es war schwer, es war lang, es war hart. Was schwer, was hart war, erzählt sie nicht. Wir löffeln etwas Marmelade auf ein Tellerchen, stellen es in den Kühlschrank. Auch nachdem sie abgekühlt ist, zerfließt die Marmelade noch. Das heißt, sie muss noch weiterkochen. Yvette rührt kraftvoll und gleichmäßig weiter. »Weißt du, Kamerun ist ein schönes Land …« Da bricht sie ab und erzählt nicht weiter. Fast hätte sie etwas preisgegeben.

Farah beim Kochen, Flüchtlingslager Mavrovouni, Lesbos, 2021

Farah, Somalia

Böse Zweitfrau

Farah sitzt unter dem Vorzelt und rührt Pastasauce. Heute ist sie an der Reihe, für die geflüchteten Frauen in ihrem Zelt zu kochen. Sie erzählt in gutem Englisch.

Farah gehört in Somalia zur Oberschicht. Ihr Clan ist einer der angesehensten und größten. Sie hat am Collegio Krankenpflege, Geburtshilfe und Ernährungsberatung studiert. Irgendwann heiratet ihr Vater eine zweite Frau. Ihre Mutter hat nichts mehr zu sagen. Die zweite Frau, kaum älter als Farah selbst, verlangt vom Vater, dass Farah verheiratet werde und aus dem Haus komme. Farah will den viel älteren Mann nicht, den man ihr vorschlägt. Da wird sie von der Familie dieses Mannes entführt. Sie muss zehn Tage im Haus von dessen Familie bleiben. Weil Farah nicht einlenkt, der Mann ihr aber auch nichts antut, darf sie nach dieser »Bedenkfrist« nach Hause zurückkehren.

Farah ist wütend. Sie glaubt zu wissen, wer hinter der Entführung steckt. Sie stiehlt ihrer Stiefmutter deren wertvollste Kleider und ihren Schmuck, verkauft alles, um sich mit dem Erlös ein Flugticket in die Türkei zu kaufen. Schlepper bringen sie nach Lesbos. Hier wartet Farah auf ihren Asylentscheid.

Sie teilt sich mit vier anderen Frauen im Flüchtlingslager Mavrovouni das Zelt. Farah erzählt, redet sich in Wut und schneidet dabei mit dem großen Fleischermesser Zwiebeln und Tomaten, ohne hinzusehen.

Die Elektropfanne, über die jedes Zelt verfügt, bezieht Strom aus der Steckerleiste an der Zeltmittelstange, die für alle zugänglich ist. Die Elektrifizierung soll Brandunfälle verhindern, wie sie in Moria, im alten Lager, immer wieder vorgekommen sind. Weil die vier Frauen keine Knoblauchpresse haben, schlägt Farah die Knoblauchzehen in einer leeren Plastikflasche auf den Boden, bis sie auseinanderfallen. Jede der fünf Frauen im Zelt hat ihre Essensvorräte am Kopfende ihrer Matratze verstaut, wo auch Koffer und Taschen Platz finden müssen. Weil nur eine Pfanne vorhanden ist, bereitet Farah zuerst die Pastasauce zu und füllt sie in eine Vorratsbox ab. Anschließend wird die Pfanne ausgewaschen und darin die Spaghetti gekocht. Alles Routine, die Handgriffe sind eingeübt.

Wenn draußen vor dem Zelt im Lager Kinder weinen, fahren die Frauen der Umgebung gemeinsam hoch, um nach dem Rechten zu sehen. Eine Zeltplatzidylle? Kaum, denn es vergeht kein Moment, in dem die Vergangenheit, aber auch die Ungewissheit nicht eine von ihnen einholt.

Sahar, Afghanistan

Kannst du mir helfen?

Sie sitzt in der Küche einer Unterkunft für besonders gefährdete Frauen in Mytilini, raucht und erzählt, während sie im Ofen luftige Küchlein backt. Aus dem Haus traut sie sich nicht. Ihre Mitbewohnerinnen gehen für sie einkaufen, im Gegenzug passt sie auf deren Kinder auf.

»Sie sind im Lager. Sie fragen überall nach mir. Sie werden mich töten. Ich wollte den Mann nicht heiraten; er war alt. Aber mein Bruder wollte dessen Tochter. So hat er mich einfach versprochen, damit er die Tochter bekommt. Sie haben geheiratet. Ich bin geflüchtet. Ganz allein, ohne Geld. Ich weiß nicht, wie ich das geschafft habe … Aber hier gibt es so viele Afghanen im Lager. Meine Familie hat ein Bild von mir hierhergeschickt. Weil ich ihr Schande gemacht habe. Eine Frau muss gehorchen. Alle wissen das. Deshalb helfen alle, mich zu finden. Sie werden mich töten. Kannst du mir helfen?«

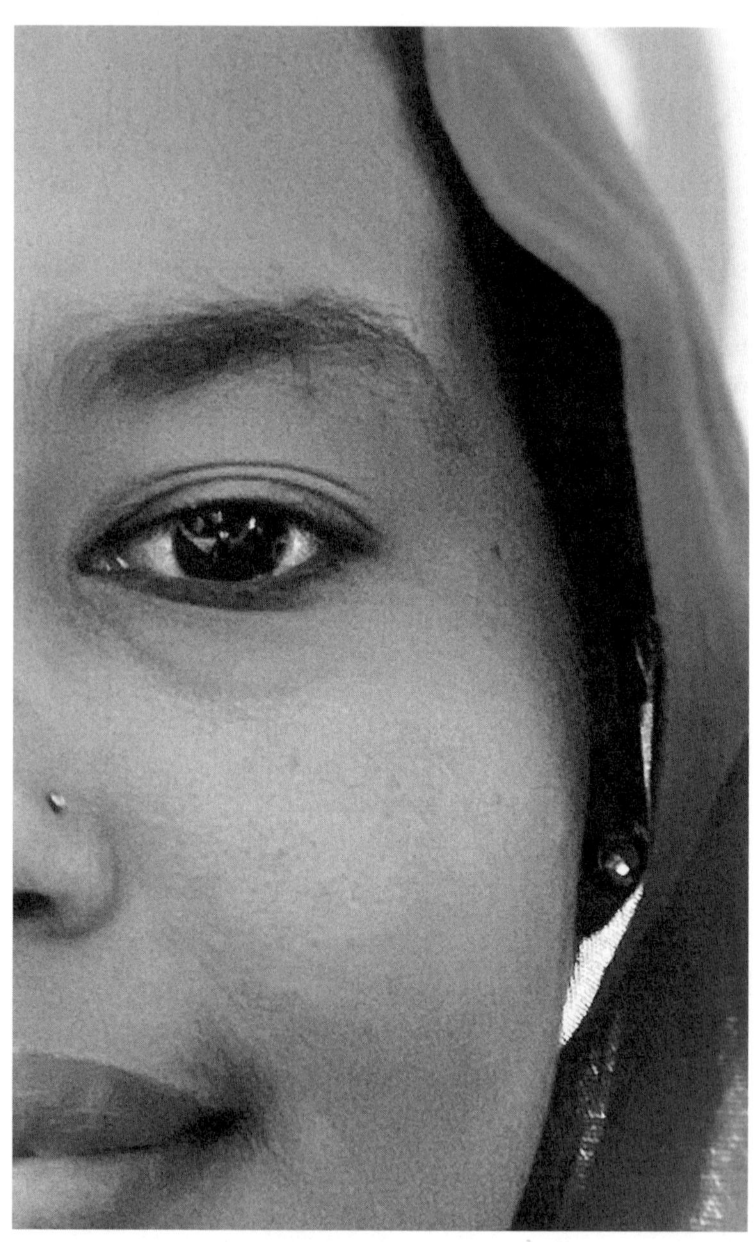

Hamdi, Lesbos, 2021

Hamdi, Somalia

Die tragische Flucht eines liebenden Paars

Sie hat ihre Prothese ausgezogen und den Beinstumpf mit einer Decke bedeckt. Auch ihren Schleier hat sie im Zelt abgelegt. Wir sind unter uns. Sie ist so alt wie meine Tochter.

Hamdi gehört einem der am wenigsten geachteten somalischen Clans an. Trotzdem verliebt sich der Sohn einer Familie der angesehenen Darod in die junge Frau. Die Liebe ist gegenseitig, aber unmöglich; niemals würde die Familie des Mannes in eine Ehe einwilligen.

Das junge Paar beschließt deshalb, nach Jemen zu fliehen. Kaum hat das Schiff vom Ufer abgelegt, wird es von der somalischen Luftwaffe beschossen. Hamdis Geliebter verliert sein Leben. Sie selbst treffen die Kugeln ins Knie und zerfetzen ihr rechtes Bein. Es wird ihr später unterhalb des Knies abgenommen. Als Hamdi im Krankenhaus in Jemen erwacht, ist sie allein. Und es herrscht Kriegsgefahr. Jemen ist nicht mehr sicher. Hamdi kehrt schwer behindert und traumatisiert nach Somalia zurück.

Die trauernde Familie ihres Freundes erfährt von ihrer Rückkehr und fordert Rache – die Frau, die den Sohn verzaubert und in den Tod gelockt hat, soll sterben. Hamdi ist nun auch in Somalia nicht mehr sicher. Sie hat zudem Schande über die eigene Familie gebracht und sie der Gefahr von Racheakten ausgesetzt. Dass Hamdi behindert ist und nur mit einer alten Prothese mehr schlecht als recht gehen kann, interessiert dabei niemanden. Auch selbst denkt sie, dass sie doch besser auch gestorben wäre.

Ihr jüngerer Bruder hilft ihr zu fliehen und begleitet sie ein Stück. Von der türkischen Regierung bekommt Hamdi ein Flugticket von Mogadischu nach Istanbul. Nun sitzt Hamdi auf Lesbos im Flüchtlingslager Mavrovouni fest.

Sie hofft, in Europa eine gutsitzende Prothese zu bekommen und dass man ihr die Metallsplitter aus dem schmerzenden Knie entfernt. Sie ist vierundzwanzig Jahre alt und bewegt sich tapfer auf den steinigen Wegen des Lagers. Sie wohnt mit Frauen aus viel angeseheneren somalischen Clans im Zelt und weiß, dass die auf sie herabsehen. Deshalb spricht sie kaum und verdämmert ihre Tage zur Zeltwand gedreht.

Sadio, Somalia

Zigarettenverkäuferin im Visier der Al-Shabaab

Eine zierliche Frau mit blitzenden Augen lächelt neugierig von ihrem Bett zu mir herüber. Sie berichtet mit leiser Stimme von ihrem Leid.

Sadio hatte Kinderlähmung und kann ihr nicht ganz ausgebildetes Bein nicht belasten. Ihr Mann arbeitete in Mogadischu als Beamter. Sadio hatte auf einem der Märkte einen eigenen kleinen Laden. Nicht größer als ein Handtuch, aber gut sortiert, wie sie stolz anmerkt, mit vielen verschiedenen Zigaretten, die man päckchenweise oder einzeln kaufen konnte. Dazu gab es Streichhölzer. Sie kannte die Wünsche ihrer Kunden.

Kinder konnte das Paar nicht bekommen. Sie hatten nach einer Myomdiagnose aufgegeben. Das Geld, die Myome entfernen zu lassen, überstieg ihre Verhältnisse. Eines Tages wird Sadios Mann auf offener Straße erschossen. Er muss der Al-Shabaab-Miliz in die Quere gekommen sein; Sadio weiß vielleicht selbst nicht genau, warum es passiert ist. Wenig später stehen die Milizen bei ihr im Laden und bedrohen sie. Entweder sie bezahle das Geld, das ihr Mann ihnen angeblich schulde, oder sie werde ebenfalls getötet. Sadio weiß, dass die Drohung ernst gemeint ist. Sie flieht, allein, behindert, das Herz voller Trauer, in eine ungewisse Zukunft. Über ein schwarz wogendes Meer, daran erinnert sie sich, landet sie im Lager Moria, das kurz darauf abbrennt. Inzwischen lebt sie in einem vom UNHCR zur Verfügung gestellten Zelt in Mavrovouni. Wenn sie morgen an der Reihe ist, zu kochen, wird sie ein Eiergericht zubereiten. Sie hat einen ganzen Karton mit Eiern unter ihrem Bett stehen. Weil Sadio behindert ist und nur mit Mühe aufstehen kann, hat sie als Einzige im Zelt ein Bettgestell bekommen. Alle anderen schlafen auf Matratzen am Boden. Der Abstand zwischen den Matratzen beträgt kaum eine Armlänge.

Es klingelt, das ist die Gebets-App. Sadio unterbricht das Gespräch, lauscht dem Koran und betet auf ihrem Bett. Das Knien fällt ihr dabei schwer. Danach wird gegessen. Viel gesprochen wird nicht; die Frauen sind zu unterschiedlich. Sie wohnen schon lange zusammen.

Ins neue Zeltlager Mavrovouni dürfen nur Mitarbeiter:innen von registrierten Hilfswerken und Journalist:innen unter Aufsicht. Alle verpflichten sich, nichts Negatives über die Zustände im Lager zu verbreiten.

Fabiola Velasques, Physiotherapeutin, Lesbos, Griechenland

Physiotherapie für Flüchtlinge

Montagmorgen. Voller Energie läuft Fabiola Velasques durch ihre Praxis in Mytilini. Sie zündet Duftkerzen an, rückt farbige Kissen zurecht und hat noch etwas Zeit für mich.

Fabiola Velasques stammt aus Chile und lebt in London. Im August 2014 macht die Dreißigjährige mit ihren Eltern Ferien auf Lesbos, als Boote am Strand auftauchen. Verängstigte Menschen steigen aus, tragen Kinder und Taschen an den Strand. Die Gummiboote mit den flüchtenden Menschen legen zu jeder Tages- und Nachtzeit an. Für Fabiola und ihre Eltern ist an Ferien nicht zu denken.

Die Flüchtenden wirken verloren, hilflos. Niemand ist auf sie vorbereitet. Fabiolas Vater, ein chilenischer Sozialist, ist entsetzt. Und für Fabiola ist klar, dass sie den Flüchtenden helfen muss.

Bereits als Fünfzehnjährige half sie freiwillig in einem Aids-Hospiz. Später studierte sie Sozialarbeit. Ihr Vater meinte, sie könne alles studieren, sofern es den Menschen helfe. Fabiola bildete sich in Alternativmedizin und Heilkunde weiter, und arbeitete in einem Krankenhaus, wo sie Frauen aus dysfunktionalen Familien und Partnerschaften betreute. Ihr Beruf ist für sie Berufung. Fabiolas Großmutter praktizierte in Chile als *meica*; das sind Frauen, die sich auf rituelle Kräuterheilkunde verstehen.

Nach den Ferien auf Lesbos kehrt Fabiola auf die Insel Lesbos zurück und beginnt, Geflüchtete zu betreuen. 2021, nachdem sie etliche bürokratische Hürden überwunden hat, wird ihre Praxis für Physiotherapie unter dem Namen »Earth Medicine« durch die griechischen Behörden anerkannt – ein Ritterschlag. Viele Hilfswerke schaffen diese Registrierung nicht, und es besteht die Gefahr, dass sie ihren Betrieb schließen müssen. Wer gegenüber den griechischen Behörden nicht begreiflich machen kann, dass die angebotene Dienstleistung für die Flüchtenden nachhaltig ist, wird von der Bürokratie auf Trab gehalten.

Ein Rollstuhl wird durch die Tür geschoben. Sabeh, ein Asylbewerber, lächelt schüchtern. Fabiola, im bunten Behandlungskittel, begrüßt ihn herzlich und beginnt mit der Therapie. Der Mann stammt aus Afghanistan. Ob er vom Dach gefallen ist oder bei einem Angriff verletzt wurde, ist nicht geklärt; er ist geistig verwirrt. Tatsache ist, dass er seine Beine kaum bewegen kann. Die Muskeln haben sich vom langen Liegen zurückgebildet. Mit Engelsgeduld zeigt Fabiola die Übungen vor. Sie sollen Sabehs Oberkörper beweglicher machen und seine Beine kräftigen. Fabiolas Mitarbeiterin steht dabei. Sie ist selbst aus Afghanistan geflüchtet und überträgt Fabiolas Anweisungen in Dari, eine der Sprachen in Afghanistan. Immer wieder lautet die Aufforderung *arom*, langsam. Denn Sabeh ist mit Feuereifer dabei, will alles richtig machen.

Jede Woche vergibt Fabiolas Praxis rund achtzig Termine an ihre im Schnitt dreißig Patient:innen. Die Praxis ist von neun bis fünfzehn Uhr geöffnet. Die beiden Mitarbeiterinnen von Fabiola dolmetschen und betreuen auch eigene Patient:innen.

Die Praxis gleicht inzwischen einem Bienenhaus. Immer mehr Patient:innen treffen ein. Alle sind Asylbewerber, abgelehnte oder bereits anerkannte Flüchtlinge, die auf Lesbos leben. Fabiola beschäftigt nur geflüchtete Frauen. Einzig die Sekretärin ist Griechin, was für die administrativen Anforderungen unerlässlich war.

Eine ältere Frau aus dem Irak wird von ihrem Sohn zur Behandlung gebracht. Bäuchlings auf der Matte liegend, richtet sie ihren Oberkörper auf. Mit entschlossener Miene ist sie bei der Sache und macht ihre Übungen, die ihren Bewegungsapparat stärken sollen. Vor drei Wochen konnte sie kaum aufrecht gehen. Fabiola freut sich, als ihr die Frau nach der Therapie auf dem Weg zur Tür keck zunickt.

Der Syrer Abbas ist dünn, nervös, fahrig, sitzt nur auf der Stuhlkante in Fabiolas Besprechungsecke. Seine älteste Tochter Aya mache ihm Sorgen. Aya sei acht Jahre alt. Sie kam noch vor der Flucht in Syrien zur Welt und habe die täglichen Bombenangriffe mitbekommen. Mitten im Spiel fange sie plötzlich an, die anderen Kinder anzuschreien. Auch zu Hause schreie sie manchmal plötzlich seine Frau und ihn an. Sie wüssten nicht, wie sie ihr helfen sollten. Wenn Flugzeuge über das Flüchtlingslager Mavrovouni fliegen, im Anflug auf den nahen Flughafen in Mytilini, sei es besonders schlimm. Abbas wird an eine Organisation auf der Insel verwiesen, die psychosoziale Unterstützung anbietet. Telefonisch vereinbart Fabiola einen Termin in zwei Wochen für die Familie.

Dank der staatlichen Anerkennung ihrer Praxis sind Fabiola und ihre Mitarbeiterinnen auch berechtigt, das neue Flüchtlingslager Mavrovouni zu betreten und dort »Hausbesuche« zu machen. Zwei- bis dreimal in der Woche fährt Fabiola ins Lager. Ich begleite sie. Auf dem Sapphoplatz in Mytilini, wo der Bus ins neue Lager Mavrovouni hält, sehen wir afrikanische Frauen mit langen Zöpfen in knallbunten Kleidern. Sie haben eine Musikbox dabei. An den Mobiltelefonen wird gelacht und geflirtet. Die Frauen werden nicht gern gesehen. Nach dem Lockdown bemüht sich die griechische Regierung wieder intensiv um den Tourismus. Sie versucht mit verschiedenen Beschränkungen, die Flüchtlinge davon abzuhalten, das Lager zu verlassen. Im Sommer 2021 lautet die Regel, dass die dort Untergebrachten Mavrovouni nur einmal in der Woche verlassen dürfen.

Im Lager leben unzählige Männer und Frauen mit teils schlecht verheilten oder verheilenden Verletzungen, die durch den Krieg oder auf der Flucht entstanden. Häufig stammen sie von Gewehrschüssen, Granatenexplosionen oder von Folterungen. Fabiola erzählt: »Patienten berichteten mir, dass sie gefesselt und in der Hocke verschnürt stunden- und tagelang ausharren mussten. Dadurch ist die Durchblutung nicht gewährleistet. Rücken, Beine und Kniegelenke nehmen Schaden. Wurden Gefangene an den Händen gefesselt an der Decke aufgehängt, überdehnen Hand-, Ellbogen- und Schultergelenke. Bei Rücken, die mit Stockhieben traktiert werden, kann die Wirbelsäule verletzt sein und sich verkrümmen. Ich habe schlimme Verletzungen behandelt, die von auf Gewehren aufgepflanzten Messern stammen. Die Messer werden mit voller Wucht in den Oberschenkel getrieben. Dabei bricht der Knochen.«

Als wir im Lager Mavrovouni ankommen, wird intensiv gebaut. Auf einer Fläche von rund drei Fußballfeldern sollen neue Zeltunterkünfte entstehen. Gräben sind gezogen worden, in denen das Regenwasser ablaufen kann, die Zelte stehen nach den Erfahrungen der ersten Regenschauer auf erhöhten Holzpodesten. Mehrere Dutzend registrierte Organisationen haben Zutritt zum Lager, vom Deutschen Roten Kreuz über das norwegische Hilfswerk Drop in the Ocean, das geschützte Frauenräume betreibt, bis zur umstrittenen Organisation Euro-Relief.

Wir besuchen allein flüchtende Frauen aus Afrika, die zu fünft in einem Zelt untergebracht sind. Einer der jungen Frauen steht in Athen eine Beinoperation bevor. Fabiola bespricht mit ihr den Eingriff. Unser nächster Halt ist eine Isobox, ein Wohncontainer, den ein gelähmter Patient mit seiner Familie bewohnt. Dass er in seinem Rollstuhl auf den groben Steinen, die die Zelte im Lager umgeben, nicht gut vorwärtskommt, erwähnt Fabiola ebenso beiläufig wie die Tatsache, dass sie ihm mit Spendengeldern aus Deutschland einen Elektrorollstuhl beschaffen konnte. Wenig später begegnen wir vor den Zelten einer weiteren von Fabiolas Patientinnen. Sie erkundigt sich, ob es ihr bessergehe. »Kannst du jetzt durchschlafen?« Die Frau bewegt sich mühsam am Stock. Granatsplitter stecken in ihrem Bein. Viel wichtiger als ihre Gesundheit ist ihr aber, dass sie noch keinen Asylbescheid bekommen habe. Sie warte doch nun schon Monate. Was das wohl bedeute, fragt sie bedrückt. Fabiola lässt sich ihre Ratlosigkeit nicht anmerken. Mitgefühl ja, Selbstmitleid hingegen duldet sie nicht. Sie erklärt ihr, mit wem sie sich notfalls in Verbindung setzen solle, und ermahnt sie, weiterhin gewissenhaft ihre Übungen zu machen.

Manchmal ist Fabiola über nicht nachvollziehbare Entscheidungen der griechischen Asylbehörde enttäuscht. Jedem Asylbewerber muss nach europäischem Gesetz ein Anwalt zugeteilt sein, der seine Interessen wahrnimmt. Es gebe aber zu wenige Anwälte für diese Aufgabe. Manchmal fragt sich Fabiola, ob ihre physiotherapeutischen Berichte, die einen positiven Asylentscheid bewirken könnten, überhaupt gelesen werden.

Es gibt aber auch Kommunikationsprobleme. Fabiola erzählt vom schwierigen Aufeinandertreffen geflüchteter Menschen mit Helfer:innen, denen ihr weißes Überlegenheitsdenken nicht bewusst war. Fabiola hat mit ihrem Exmann lange in London gelebt und dort die farbigen Kleider ihrer chilenischen Heimat getragen. Man machte sie darauf aufmerksam, dass Farben nur etwas für den Frühling seien. Ihr wurde bewusst, dass es ungeschriebene Kleidervorschriften gibt und dass diese von Weißen bestimmt werden. Dank der eigenen Erfahrungen kann Fabiola nachvollziehen, wie sich flüchtende Menschen fühlen, wenn sie von weißen Helfer:innen angeleitet werden.

Über das abgebrannte Flüchtlingslager Moria sagt sie: »Natürlich war überall Armut und Hässlichkeit. Es gab da aber auch den Willen der Geflüchteten, mit dem Gegebenen irgendwie zu leben.« Sie ist überzeugt, dass Widerstandskraft aus der Fähigkeit erwächst, aus der neuen Situation zu lernen. »So schrecklich die Zustände und die Lebensumstände im Lager auch gewesen waren, hatten es die Geflüchteten immer wieder fertiggebracht, sich ihr Umfeld angenehmer zu gestalten. Sie hatten ihre Zelte eingerichtet, weiterhin ihre Kinder erzogen, sie in die Lagerschule und zum Haareschneiden geschickt.«

Raha, Lesbos, 2021

Raha, Afghanistan

Alleinerziehend und selbst noch ein Kind

Sie kichert gerne, als wir auf Lesbos zusammen Tee trinken. Ihre Tochter macht die ersten Schritte. Dann wird Raha ernst und sagt, sie habe Probleme, die nie aufhören würden. Trotzdem hat sie begonnen, in Europa auf der Flucht ihre Jugendjahre nachzuholen, aufgekratzt, lebenshungrig, auf Instagram.

Raha stammt aus Mazar-e-Sharif im nördlichen Afghanistan. Ihre Eltern sind in den Augen der Taliban schlechte Eltern und schlechte Muslime. Was immer der konkrete Anlass war – der Vater wurde erschossen. Es wurde eine Lektion erteilt. Das war noch vor Rahas Geburt. Den Grund erfährt man nicht. Vielleicht war er zur falschen Zeit am falschen Ort, vielleicht störte die Glaubenswächter, dass Omar und seine Frau die Töchter liberal erziehen. Rahas Mutter trägt nur ein lockeres Kopftuch. Wie die drei Söhne dürfen auch die Töchter draußen spielen. So halten es die meisten Familien der Hazara, einer mongolischstämmigen schiitischen Bevölkerungsgruppe in Afghanistan.

Die Hazara werden von anderen afghanischen Volksgruppen seit Jahrhunderten als minderwertig betrachtet, unterdrückt, bedroht, umgebracht oder vertrieben. Wer einem afghanischen Flüchtling in Europa begegnet, hat praktisch immer eine Angehörige oder einen Angehörigen der Hazara vor sich. Paschtunen, Tadschiken und Usbeken leben als Sunniten einen strengeren Islam, der es Frauen kaum erlaubt, aus dem Haus zu gehen. Nur einmal im Jahr, zu einer Gesundheitsuntersuchung, verließen sie das Haus, sagt Raha. Sonst blieben die maximal vier Ehefrauen eines Mannes unter sich. In sehr strenggläubigen Familien erledigten Männer sogar die Einkäufe. Die liberaleren, in ihren Augen ungebildeten Hazara, sind den Taliban ein Dorn im Auge. Bei den Hazara dürfen Mädchen vor dem Haus spielen und sogar Fahrrad fahren. Das ist paschtunischen und tadschikischen Mädchen in Afghanistan in der Regel verboten.

Als Raha, das jüngste von neun Geschwistern, neun Monate alt ist, flieht die Witwe allein mit allen ihren Kindern nach Iran. Sie hat nie eine Schule besucht, weiß nichts von der Welt. Sie weiß nur, dass ihre Söhne und Töchter in größter Gefahr sind, von den Taliban verschleppt zu werden.

Iran nimmt viele afghanische Flüchtlinge auf. Oft sind sie illegal im Land. Viele bleiben über Jahre, finden Arbeit und wollen nicht mehr zurück. Manche der Jüngeren haben Afghanistan nie gesehen.

Raha wird eingeschult. Ihre älteren Brüder und Schwestern heiraten der Reihe nach. Zwei Brüder flüchten von Iran aus weiter nach Europa. Einer lebt in Deutschland, ein anderer in der Schweiz. Die Brüder berichten davon, dass das Leben in Europa schwer, aber besser sei.

Als Raha dreizehn ist, macht sich ihre Mutter mit den jüngsten drei Kindern, die noch bei ihr leben, auf den Weg; sie will Europa erreichen und über Familienzusammenführung zu einem ihrer Söhne gelangen. Als erste Station reisen die vier von Iran in die Türkei. Raha erinnert sich an einen anstrengenden Fußmarsch. In der Türkei gibt es eine der weltweit größten Haraza-Diasporas. Verwandte und Bekannte helfen der Mutter.

Mit fünfzehn wird Raha einem Mann vorgestellt; die Onkel haben den Mann für sie ausgesucht. Kurz nach der Hochzeit wird sie bereits schwanger und bringt ihre Tochter Heiad zur Welt. Doch Raha ist so unglücklich in der Ehe, dass sie durchsetzt, sich scheiden zu lassen. Das bringt Schande über sie und ihre Familie und macht das Weiterleben in der Hazara-Gemeinschaft in der Türkei schwierig. Mit ihrer Mutter und ihrer wenige Wochen alten Tochter wagt Raha die Überfahrt nach Lesbos. Sie erreichen die rettende Küste in einer dunklen windstillen Nacht.

Auf Lesbos werden die drei Flüchtenden gemäß den Regeln der Asylbehörden getrennt. Die Mutter wird ins Lager Moria gebracht. Weil Raha minderjährig und eine allein flüchtende Mutter mit Kind ist, bekommt sie einen Platz in einer Flüchtlingsunterkunft für schutzbedürftige Frauen in Mytilini zugewiesen. Als eine ihrer verheirateten Töchter in Iran stirbt, reist die Mutter nach Thessaloniki, um dort deren kleine Tochter in Empfang zu nehmen. Nun wartet die Großmutter mit Enkelin auf ihren Asylbescheid.

Raha bekommt in Griechenland Asyl und findet in Mytilini eine Stelle. Mit dem Gehalt kann sie sich und ihre Tochter ernähren. Mitte 2021 ist sie achtzehn Jahre alt und damit volljährig geworden. Ihre Tochter spricht ihre ersten Worte auf Griechisch. Raha kann sich vorstellen, auf Lesbos zu bleiben. Sie hat Freundinnen gefunden, mit denen sie ihre Freizeit verbringt. In Griechenland darf sie als Frau allein leben. Trotzdem fürchtet sie sich vor ihrem Mann und dessen Familie, die nicht überwunden haben, dass sie ihn verlassen hat. Auch wenn Raha die europäischen Gesetze schützen, fühlt sie sich als Alleinerziehende vor den Vorurteilen und Anfeindungen ihrer geflüchteten Landsleute nicht sicher. Sie hat Angst, dass eines Tages ihr Exmann oder einer seiner Verwandten vor ihr steht, sie anpöbelt, ihr das Leben schwer macht oder noch Schlimmeres.

Vanessa Schröter, Flüchtlingshelferin, Schweiz

Wild engagiert

Wir haben uns bei der Arbeit für ein Flüchtlingshilfswerk kennengelernt. Im Gespräch erinnert sich Vanessa, wie sie von Nepal nach Griechenland und schließlich in die Schweiz gekommen ist.

Vanessa ist Schweizerin und in Zürich aufgewachsen. Als sie die Schule 2014 abgeschlossen hat, will die Zwanzigjährige weit weg. Sie verpflichtet sich für ein zweimonatiges Volontariat in einem Waisenhaus in Nepal. Kaum ist sie dort eingetroffen, stellt sie schockiert fest, wie schlecht es den Waisenkindern geht, wie katastrophal die Zustände im Waisenhaus sind. Mit der Zeit realisiert sie, dass die Eltern der Kinder in vielen Fällen leben und sie aus Not hergegeben haben. Der Leiter des Waisenhauses, ein buddhistischer Mönch, der angeblich in Taiwan lebt, wirbt mit Versprechungen eines besseren Lebens in armen Dörfern, damit regelmäßig Kinder bei ihm abgegeben werden. Die Spendengelder, die er für die Kinder einnimmt, leitet er zum größten Teil in die eigene Tasche um. Das Waisenhaus ist eine geschmacklose, menschenverachtende Geschäftsidee. Vanessa verlängert ihr Volontariat, aus Monaten werden Jahre.

Im Waisenhaus leben 153 Kinder im Alter zwischen zwei und siebzehn Jahren. Zu essen gibt es Linsensuppe mit Reis oder Reissuppe mit Linsen und einmal pro Woche Fleisch. Es reicht nie für alle Kinder. Es gibt immer wieder Fälle von Tuberkulose. Oft werden die kranken Kinder erst spät ins Krankenhaus gebracht. So geschieht es auch bei einem von Vanessas Schützlingen. »Ich rief meine Mutter an und sagte ihr, dass ich nicht weiter zusehen könne, dass der Junge sterben werde. Ich bat sie, mich finanziell zu unterstützen, damit ich ihn aus dem Waisenhaus herausholen könne.« Vanessa entscheidet sich kurzerhand, den Jungen zu adoptieren. Sie ist 24 Jahre alt, ihr Adoptivsohn Tsering Wangchuk Lhama 15. Sie findet einen Job bei einer nepalesischen Schule, bezieht eine günstige Wohnung. Ihren Sohn bringt sie vorübergehend im Internat unter.

Nebenbei macht Vanessa ihren Bachelor in Gesellschaftsentwicklung und schließt eine Ausbildung als Lehrerin für Englisch ab. Sie findet eine Stelle in Kathmandu. Ihr Lohn ist gering, aber sie und Tsering, der nun wieder bei ihr wohnt, können davon gerade leben. Sie ernähren sich von Reis mit Blumenkohl oder Spinat. Im Winter ist es eiskalt in der Wohnung. Schließlich muss Vanessa erkennen, dass es so nicht weitergehen kann. Sie findet eine Praktikumsstelle im Rahmen ihres Masterlehrgangs in Internationaler Entwicklung und geht nach Griechenland. Ihr Sohn bleibt in Kathmandu, wo er heute als Touristenführer arbeitet. Sie unterstützt ihn nach wie vor.

Vanessa absolviert ihr Praktikum bei einem Verein, der auf Lesbos ein Tageszentrum für geflüchtete Frauen führt. Die geflüchteten Frauen, mit denen Vanessa auf Lesbos in Kontakt kommt, stammen aus Afghanistan, Kamerun, Syrien, Somalia und dem Irak. Im Tageszentrum tauschen sie sich aus, dürfen duschen, trinken Tee, kommunizieren über ihre Handys, nähen und häkeln. Vanessas Aufgabe ist es, die Frauen zu begrüßen, ihre Registrierung im Zentrum zu überprüfen und Tee zu kochen. Sie hat sich mehr von ihrem Praktikum erhofft.

Vanessa bietet an, auf ihre Ausbildung und Erfahrung als Englischlehrerin zurückgreifen zu dürfen. Sie entwickelt ein Lehrmittel, das auch für Analphabetinnen geeignet ist, und beginnt mit Englischunterricht für geflüchtete Frauen. Sie lässt die Frauen das Klassenzimmer selbst einrichten. Dabei fördert sie den Austausch unter den Frauen unterschiedlicher Herkunft. Sie muss feststellen, dass Frauen aus Afrika von anderen geflüchteten Frauen diskriminiert werden. Auf der untersten sozialen Stufe stehen lesbische Frauen, die geflüchtet sind, weil sie in ihren Heimatländern Übergriffen und Verfolgung ausgesetzt waren. Dieselben Vorurteile begegnen ihnen unter den Mitflüchtlingen.

Immer deutlicher wird Vanessa bewusst, was Flucht für Menschen bedeutet. »Wer als Flüchtling in einem Lager lebt, hat das Gefühl, die Kontrolle über sein Leben zu verlieren. Jeder Aspekt wird von außen bestimmt und ist von politischen Entscheidungen anderer abhängig. Du kannst nur bedingt dein eigenes Essen kochen.« Die Toiletten im Lager Moria sind überfrequentiert und daher kaum sauber und funktionstüchtig zu halten. Dasselbe gilt für die Duschen. Die meisten lassen sich nicht einmal mit einer Türe sicher verschließen. »Für die Frauen ist es besonders schlimm, sich nicht waschen zu können. Die mangelnde Hygiene führt dazu, dass sie sich auch im übertragenen Sinn ›dreckig‹ und wertlos fühlen.« Das Leben im Flüchtlingslager ist für Frauen gefährlich. Nachts streifen Männerbanden um die Zelte. Keine Frau traut sich dann allein auf die Toilette. Lieber tragen die Frauen Windeln. Berichte von Frauen kursieren, die auf der Flucht mit ihrem Körper bezahlten, um von den Schleppern mitgenommen zu werden. Das hinterlässt Spuren. Die traumatischen Erinnerungen holen die Frauen ein. Das Gefühl des Ausgeliefertseins bestätige sich immer wieder von neuem. Suizidgedanken verfolgten die Menschen, auch Kinder. Je länger die Geflüchteten im Lager aushalten müssten, desto tiefer verfestigten sich solche Gefühle. »Wer Jahre in Lethargie verbringt, hat später Mühe, den herausfordernden Integrationsprozess zu meistern, wenn in kurzer Zeit eine neue Sprache gelernt, neue Lebens- und Gesellschaftsmodelle verstanden werden müssen.«

Nach der Rückkehr in die Schweiz arbeitet Vanessa im schweizerischen Asylwesen. Sie betreut Migrant:innen während des Asylverfahrens, unterstützt sie in der Bewältigung des Alltags und der Integration. Zu ihren Aufgaben gehört, die anfallenden Hausarbeiten in den Unterkünften auf die Migrant:innen zu verteilen, wöchentlich die Unterstützungsgelder auszubezahlen, Arzttermine zu vereinbaren und dafür zu sorgen, dass diese eingehalten werden. Durch ihre Erfahrungen in Nepal und Griechenland hat Vanessa gelernt, zuerst zu beobachten und keine vorschnellen Annahmen zu treffen. Sie nimmt den Migrant:innen Aufgaben nicht ab, sondern unterstützt sie darin, ihre Dinge selbst zu erledigen. »Es bringt nichts, Geflüchtete zu bejammern. Helfen genügt.« Oft seien Migrant:innen frustriert, dass sie sich in einen Asyl- und Integrationsprozess einfügen müssten, bei dem der Erwerb der neuen Sprache einen solch vordergründigen Stellenwert habe. »Zudem lernen sie das, was ihnen in der neuen Sprache wichtig erscheint, schnell.« Vanessa erinnert sich an eine Frau aus Afghanistan, die in kurzer Zeit alle Pflanzennamen und Gemüsesorten auf Deutsch beherrschte – in ihren Augen entscheidendes Wissen, um sich einen Garten anzulegen und für die Familie sorgen zu können.

Vanessa erlebt immer wieder Überraschungen. Sie betreut eine Frau aus Afghanistan, die mit einem wesentlich älteren Mann verheiratet ist und in ihrer Heimat nur vier Jahre zur Schule gehen konnte. In der Schweiz hat diese Frau Bildung für sich entdeckt. Sie saugt alles auf, was es zu lernen gibt, und möchte Krankenpflegerin werden. Obwohl sie in Afghanistan das Haus kaum allein verlassen hat, stimmt ihr Mann ohne weiteres zu, dass sie die Ausbildung beginnen kann.

Maryan, Zürich, 2021

Maryan, Somalia

Fliehen ohne Beine

Sie läuft schon viel besser. Seit Maryan die neuen Prothesen angepasst wurden, sind drei Monate vergangen, in denen sie auch Physiotherapie bekommen hat. Heute trägt sie Leggings unter einem knielangen Kleid. Die Prothesen sind darunter kaum auszumachen.

Maryan lebt mit ihrer Familie in Yaqshid, einem nicht wohlhabenden, aber mittelständischen äußeren Quartier Mogadischus. Der Vater arbeitet beim Militär. Maryan hat drei Brüder und eine Schwester; sie ist die Älteste. Die Familie bewohnt ein Holzhaus, gehört damit nicht zu den Ärmsten. In Yaqshid gibt es vier Arten von Häusern, solide gebaute Steinhäuser, Häuer mit Ziegelwänden und Strohdach, Häuser aus Holz mit Kuhdungverkleidung und Hütten aus verschiedenen Materialien.

Maryan kennt Mädchen, die in Steinhäusern wohnen und zur Schule gehen dürfen. Seit Ausbruch des Bürgerkrieges 1991 ist das öffentliche Schulsystem praktisch inexistent. Wer es sich leisten kann, schickt seine Kinder auf eine private Schule. Für Kinder aus einfachen Verhältnissen wie Maryan gibt es nur die Koranschule, wo arabische Koranverse phonetisch gelernt werden, ohne Übersetzung und inhaltliche Erklärungen. Die Nachbarskinder bringen Maryan etwas Schreiben bei und erklären ihr einfache Rechenaufgaben. Maryan saugt alles begierig auf.

Während der italienischen Kolonialzeit fand in Somalia der Unterricht auf Italienisch statt. Die Kinder lernten mit denselben

Schulbüchern wie in Italien. Ob man seinen Abschluss in Mogadischu oder Rom machte, war schulisch kein Unterschied. Nach der Machtergreifung durch Siad Barre 1969 sollte in den Schulen nur Somalisch gesprochen und geschrieben werden. Dafür wurde Somalisch, das bis dahin eine ausschließlich gesprochene Sprache war, vereinheitlicht und verschriftet. Ausbildung und Beruf sind heikel in Somalia. Es kann gefährlich sein, für die Regierung oder eine Hilfsorganisation zu arbeiten. Die islamische Miliz Al Shabaah (»die Jugend«) vertritt eine strenge Shari'a und findet immer wieder Vorwände, um Einzelne oder ganze Berufsgruppen zu Feinden zu erklären, ihr Geschäft zu verbieten oder nur gegen Schutzgeldzahlung zu erlauben.

Als Maryan Opfer eines Granatentreffers wird, ist sie etwa zehn Jahre alt. Ihren Geburtstag kennt sie nicht. Da es in Somalia kein Geburtsregister gibt, haben alle Menschen am 1. Januar Geburtstag. Das gilt für Maryan ebenso wie für die berühmte somalische Sängerin Maryam Mursal. An das genaue Datum der Granatexplosion kann sich Maryan nicht erinnern. Nur daran, dass an diesem Morgen im Jahr 2010 die Kämpfe, die in der Innenstadt zwischen den Regierungstruppen und den Al-Shabaah-Milizen toben, immer näher kommen. Die Leute in Yaqshid geraten in Panik, da immer öfter Granaten auch in der Umgebung einschlagen. Überall steigt schwarzer Rauch auf. Die Bewohner:innen der einfachen Häuser dürfen bei Gefahr in den Steinhäusern der Nachbarschaft Schutz suchen. Holzhäuser und Wellblechhütten werden bei Angriffen von Gewehrprojektilen regelrecht durchsiebt. Auch Maryans Mutter beschließt, mit ihren Kindern in einem Steinhaus Unterschlupf zu suchen. Aber sie kann im letzten Moment das Vorhängeschloss für die Haustür nicht finden und schickt ihre Kinder schon einmal voraus. Maryan und ihre Cousine rennen über den Platz. Hinter ihnen läuft eine hochschwangere Nachbarin, die ein kleines Kind auf dem Arm und ein weiteres an der Hand hat. Maryans Mutter ruft ihr zu, dass sie eines der Kinder übernehmen könne. Sie werde gleich nachkommen. Doch die Nachbarin lehnt ab, will ihre Kinder bei sich behalten.

Die Granate schlägt ins Steinhaus, als Maryan und ihre Cousine gerade angekommen sind. Dutzende Nachbarn finden den Tod, darunter die Schwangere und ihre beiden Kinder. Überall ist Rauch und Feuer, Verletzte schreien, Gebäudeteile stürzen krachend ein. Rauch und Staub behindern die Sicht.

Maryan liegt unter einer zerborstenen Tür, orientierungslos. »Mein Schmerz, der Schmerz in meinem Leben, er begann da, in diesem Augenblick.« Ihre Mutter hat es nicht mehr ins Gebäude geschafft. Sie rennt entsetzt auf das zerstörte Steinhaus zu. Ein Junge kommt ihr entgegen. Maryans Mutter schreit ihn an, ob er ihre Kinder gesehen habe. Er zeigt wortlos dorthin, wo schwarzer Rauch aus Trümmern qualmt.

Die Mutter sucht im Rauch nach den Kindern, steigt über Schutt, ruft ihre Namen. Sie findet einen leblosen kleinen Körper unter Asche und Staub. Er sieht aus wie eine Mumie. Sie glaubt, es könne Maryan sein. Als das Kind den Mund öffnet, sein Leben aushaucht, erkennt sie, dass es Maryans Cousine ist. Sie blickt in wilder Panik um sich, Maryan kann nicht weit sein. Sie entdeckt einen weiteren Körper, der zur Hälfte unter einem Türblatt steckt. Maryan sieht ihre Mutter kommen, kann aber nicht reagieren, betäubt vor Schmerz und ohne Gehör von der Explosion der Granate. Die Mutter erkennt sie, meint, dass Maryan auch tot sei, will weiter, um ihre jüngeren Kinder zu suchen, die in der Nähe sein müssen. Als die Mutter fast vorbei ist, ihr Kleid Maryan streift, greift sie danach und hält sich verzweifelt am Stoff fest.

Die Ambulanzfahrzeuge kommen erst nach Stunden. Der Rauch hat sich schon längst gelegt. Sanitäter laden Verletzte und Tote ein, wahllos, übereinander, ohne Unterschied, ob lebendig oder tot. Auch die schwerverletzte Maryan. Maryans Mutter ist entsetzt, hebt Maryan wieder aus dem Ambulanzfahrzeug heraus. Sie will auf die nächste Ambulanz warten, die hoffentlich zwischen Leichen und

Lebenden unterscheidet. Maryans Beine bluten stark. Das Blut lässt sich nicht stoppen, die Zehnjährige wird immer wieder ohnmächtig. Die Mutter hält aus, sitzt neben dem zerstörten Gebäude im Staub. Sie hat Maryan mit ihrem Kleid umhüllt, wiegt sie sanft auf ihrem Schoß. Sie erwartet, dass Maryan stirbt, zu schlimm sind die Verletzungen, zu groß der Blutverlust. Dann kehren die Ambulanzfahrzeuge zurück.

Als Maryan im Krankenhaus nach zehn Tagen das Bewusstsein wiedererlangt, hat sie die Amputationen hinter sich. Beide Beine sind unterhalb der Knie abgenommen worden. Sie hat mehrere Blutkonserven bekommen. Ihre Überlebenschancen werden als gering eingestuft. Weitere vier Tage später wird ihr mitgeteilt, dass sie keine Beine mehr hat. Maryan glaubt es nicht. Sie hat doch Gefühl in ihren Beinen, in den Knien genauso wie in den Zehen. Dann sieht sie, dass unter ihrer Bettdecke da, wo die Füße sind, nichts mehr ist. Maryan spürt ihre Beine heute noch.

Maryans Entsetzen ist haltlos. Ab jetzt ist sie ein Mädchen, das keine Beine mehr hat. Wie soll das gehen? Wie soll sie sich fortbewegen? Wie soll sie laufen, stehen? Wie soll sie ohne Beine durchs Leben kommen? Wer wird für sie sorgen? Sie wird keinen Mann finden, denn sie ist jetzt nichts mehr wert, eine Last.

Es dauert drei Monate, bis Maryan, inzwischen elf Jahre alt, das Krankenhaus verlassen kann. Sie muss jetzt wie ein Kleinkind kriechen. Sie lebt auf dem Boden, wird sitzen- oder liegengelassen. Maryan hilft der Mutter, sie passt auf ihre jüngeren Geschwister auf, wenn sie zu Hause sind, hütet das Haus, kocht, macht sauber. Sie bleibt lieber für sich, mag sich nicht zeigen. Und sie spürt, dass sie für die Familie eine Belastung ist.

Manchmal nimmt die Mutter Maryan mit, schiebt sie in einer Schubkarre vor sich her. Maryan schämt sich dann, weil die anderen sehen können, dass sie jetzt ein Krüppel ist. Gleichzeitig ist sie glücklich. Die Mutter schämt sich nicht für Maryan. Die Familie hält zwei Ziegen und ein paar Hühner. Sie besitzt ein wenig eigenes

Land. Der Lohn des Vaters reicht kaum aus. Wenn die Mutter in Eile ist, geht sie ohne Maryan auf den Markt, um ein Huhn oder Eier gegen Gemüse und Bananen zu tauschen.

Dass Maryan ohne Beine eine Belastung ist, lässt vor allem der Vater sie spüren. Warum ist ihr das überhaupt passiert? Lastet ein Fluch auf ihr? Warum hat sie nicht sterben können, wie ihre Cousine? Die Mutter hat keine Durchsetzungskraft gegen den Vater.

In Somalia, einer nach Clans organisierten und islamisch geprägten Gesellschaft, geben die Männer den Ton an. Somalier:innen gehören zu einem der fünf großen Clans, den Hawiye, den Darod, den Isaaq, den Rahanweyn oder den Dir, denen jeweils bestimmte Eigenschaften wie Aggressivität, Duldsamkeit, Schlitzohrigkeit zugesprochen werden. Maryans Familie gehört zum Clan der Abgal, einem Unterclan der Hawiye. Der Clan gilt als friedlich und betreibt Viehzucht in der Umgebung von Mogadischu. In den Clans und Subclans treffen jeweils die ältesten Männer alle Entscheidungen. Im gegenseitigen Austausch vereinbaren die Clans, für welche Vergehen wie viel Blutgeld bezahlt werden muss, ob jemand sterben muss und ob Frauen getauscht werden müssen. Frauen werden zu diesen Verhandlungen nicht gefragt.

Die Familie kann sich keine Prothesen leisten. Als Maryans Mutter 2014 erfährt, dass es in der Innenstadt eine Institution gibt, die kostenlos gebrauchte Prothesen abgibt, setzt sie Maryan kurzerhand in den Karren und macht sich mit ihr auf den Weg. Aber Maryan bekommt an diesem Tag noch keine. Die Mutter muss den Zuständigen erst zu verstehen geben, dass sie so viel, wie ihr möglich sei, dafür bezahlen wolle. So liegen beim zweiten Besuch Prothesen bereit. Sie passen zwar nicht perfekt, aber Maryan ist überglücklich; sie habe ein komplett neues Lebensgefühl gehabt. Sie kann wieder stehen, wieder gehen. Sie kann sich aufrichten, auf Augenhöhe mit anderen sein.

Als die Mutter wieder einmal ein Huhn zum Markt trägt, passiert es. Maryan ist inzwischen fünfzehn Jahre alt. Vor wenigen Wochen hat sie ihre Prothesen bekommen. Drei Männer dringen in die Hütte ein. Sie haben leichte Beute. Maryan kann nicht weglaufen. Sie vergewaltigen das Mädchen einer nach dem anderen. Die Mutter findet Maryan und kann nichts anderes tun, als ihre Tochter sanft zu waschen. Sie redet auf Maryan ein, beruhigt sie, versichert ihr, dass sie keine Schuld treffe, sie sich nicht schämen müsse. Im Gegenteil. Sie erklärt Maryan, was sich diese bis heute gemerkt hat: »Wir leben in einer Männerwelt, einer Welt, in der Männer alles dürfen.«

Als der Vater vom Überfall erfährt, wird er wütend auf seine Tochter. Sie hat keine Beine mehr und ist jetzt auch noch vergewaltigt, damit entehrt. Maryan habe Schande über ihn und die Familie gebracht. Der Vater ist jetzt sicher, dass auf Maryan ein Fluch liegt. Sie ziehe das Unglück an. Sie könne kein Kind nach Allahs Willen sein, wenn er solche Dinge mit ihr geschehen lasse. In ihr müsse eine dunkle Macht am Werk sein.

Nach einer Vergewaltigung ist es in Somalia üblich, dass der Vergewaltiger, so man ihn findet, gezwungen wird, die geschändete Frau zu heiraten. Damit wird die Vergewaltigung legalisiert und aus der Welt geschafft. Wie es der Frau dabei geht, spielt keine Rolle. Der Vergewaltiger muss, zum Gespött der Umgebung, die »entehrte« Frau heiraten. Während der Ehe kommt es zu weiteren Vergewaltigungen. Möglich ist auch, dass der Mann seine Ehefrau an andere Männer prostituiert, um für sich einen Vorteil aus der unerwünschten Ehe zu ziehen. Nicht selten nehmen sich Frauen in einer solchen Situation das Leben.

Maryans Vater und die Mitglieder des Familienclans bringen es fertig, die drei Vergewaltiger zu finden. Die Mutter hat Maryan jedoch eingeschärft, ihre Peiniger auf keinen Fall zu identifizieren, sonst werde sie einen von ihnen heiraten müssen. Maryan wird ihren Vergewaltigern gegenübergestellt. Sie gibt an, keinen zu erkennen. Triumphierend ziehen ihre Peiniger ab. Und der Vater schäumt vor Wut. Er hat sich lächerlich gemacht. Auch das lässt er Maryan spüren.

Eines Tages kommt der Vater nicht mehr nach Hause. Er muss bei Gefechten mit der Miliz getötet worden sein; Genaueres weiß man nicht. Wer für die Armee arbeitet, lebt mit diesem Risiko. Viel größer ist das Unglück, das sich am 14. Oktober 2017 ereignet. Ein Attentäter in einem Lastwagen verübt einen Sprengstoffanschlag in der Nähe des offenen Baraka-Marktes in Mogadischu, den Maryans Mutter gerade besucht. Sie kehrt nicht vom Markt zurück. Man habe nie mehr etwas von ihr gehört, sagt Maryan.

Ihre Geschwister kommen zu einer Tante. Aber was soll mit Maryan geschehen? Sie spürt, dass über sie gesprochen wird. Für die Clanältesten steht fest, dass Maryan das Unglück anzieht. Die Männer wollen sie »von ihrem Gesicht« haben, wie man in Somalia sagt. Sie wenden sich an eine Frau, die zum Clan gehört und in einer Kleinstadt in der Nähe von Istanbul lebt. Maryan soll bei dieser Frau als Hausmädchen arbeiten. Wenige Tage nach dem Tod der Mutter wird sie in ein Flugzeug nach Istanbul gesetzt. Die einzige direkte internationale Flugverbindung aus Somalia führt nach Istanbul. Zu den wenigen Dingen, die Maryan mitnimmt, gehört ein Zettel mit der Telefonnummer der Tante, bei der ihre Geschwister untergekommen sind. Sie glaubt inzwischen selbst, dass sie Unglück bringt.

Die Frau, bei der sie nun lebt, hat häufig Gäste und lässt Maryan kochen und servieren. Maryan strengt sich an, doch die Frau ist nie zufrieden. Ein alter Mann kommt regelmäßig, um den Haushalt mit Wasser zu versorgen. Maryan bekommt mit, wie die Frau mit dem Wasserträger über sie spricht und wie der Mann sie daraufhin anzüglich mustert. Ihr wird mitgeteilt, dass sie den Wasserträger zu heiraten habe; er sei eine gute Partie und Maryan durch die Heirat versorgt. Doch Maryan weigert sich. Der Mann ist sogar älter, als ihr Vater wäre. Die Frau wird wütend. Was erlaube sie sich, ohne Beine und entehrt, Ansprüche zu stellen. Sie solle den Mann heiraten oder verschwinden. Maryan bleibt standhaft. Die Clanältesten werden eingeschaltet. Irgendwas, was sie betrifft, ist im Gange, aber mit

Maryan spricht niemand. Nach kurzer Zeit, vermutlich hat die Frau inzwischen das Geld für die Schlepper von den Clanältesten erhalten, erklärt sie Maryan, sie komme in ein fremdes Land, das Griechenland heiße. Dort werde ihr geholfen. Sie solle sofort ihre Habseligkeiten zusammenpacken. Noch am selben Abend übergibt die Frau Maryan zwei Männern. Es ist Herbst 2018.

Die Schlepper setzen sie in einen Bus, der immer wieder anhält, um Menschen aufzunehmen; Familien, Frauen mit Kleinkindern, junge und alte Männer, auch einige andere somalische Jugendliche. Nach drei Stunden, es sind inzwischen rund fünfzig Menschen im Bus versammelt, erreicht er sein Ziel. Alle steigen aus und werden in den Laderaum eines Lebensmitteltransporters gepfercht, der verschlossen wird. Es ist dunkel und so eng, dass Maryan auch in den Kurven nicht umfällt, obwohl sie sich nirgends festhalten kann.

Nach langer Fahrt, auf der sich, wer muss, in einer der Ecken erleichtert, erreicht der Transporter die türkische Küste. Draußen ist es dunkel. Sie sollen Richtung Wasser. Für Maryan ist der steinige Strand schwer zu bewältigen. Ihre Prothesen waren ja bereits alt, als sie sie vier Jahre zuvor bekam. Sie musste sie in der Zwischenzeit oft mit Klebeband flicken und befürchtet, dass sie brechen könnten. Die Schlepper treiben die Menschen zur Eile an. Maryan kann nicht mithalten. Sie stolpert, stürzt mehrmals und fällt immer weiter zurück. Ein somalischer Junge hilft ihr. Sie kommen als Letzte bei den Booten an. Ein Schlepper stößt Maryan ungeduldig ins Schlauchboot. Sie fällt zwischen die anderen Flüchtlinge.

Der eilige Marsch über die steinige Küste hat Maryans Beinstümpfe wund gescheuert. Sie sind geschwollen und bluten. Schweiß rinnt in die Prothesen. Maryan hat schrecklichen Durst. Sie ist zwischen anderen Menschen eingepfercht, kann sich kaum rühren und gerät immer weiter zwischen die Beine der anderen. Eine Frau mit einem Kind setzt sich auf ihre Beinprothesen. Maryan will sich gegen das Gewicht wehren, das an ihren Beinstümpfen zieht. Aber das Boot ist zu voll.

Es hat längst abgelegt. Maryan sieht nichts. Der Motor tuckert. Die Flüchtenden verharren in angespanntem Schweigen, gelegentlich unterbrochen von einem gedämpften Laut, unterdrücktem Schluchzen, einem kurzen Aufschrei, wenn eine Welle kaltes Wasser ins Boot schwappt. Maryan hat Angst, dass ihre Prothesen unter dem Gewicht der Frau brechen. Sie harrt bewegungsunfähig auf dem Boden des Schlauchbootes aus. Ihre Beinstümpfe werden taub. Dann erreicht das eingedrungene Wasser Maryans Platz, fließt in die Prothesen. Die offenen Wunden brennen. Der Druck auf die Beinstümpfe ist schier unerträglich. Plötzlich stirbt der Motor. Das Boot schaukelt ohne Antrieb auf den Wellen.

Nach einer gefühlten Ewigkeit greift die griechische Küstenwache das Schlepperboot auf. Hintereinander steigen die durchnässten Flüchtlinge um. Maryan wird mehrmals aufgefordert, an Bord zu kommen, doch sie kann nicht aufstehen. Endlich bemerkt man ihre Prothesen, und sie wird an Deck des Schiffs gehievt. Dort sitzen die Flüchtenden bereits dicht gedrängt. Maryan überwindet ihre Scham und löst ihre Prothesen, um sie auszuleeren.

Mararka qaarkood waxaan dareemaa
inaan ahay konton ama lixdan jir.
Wax badan ayaan la kulmay.
Waxaan ahay kaliya 21 ka dib oo dhan.

(Somali)

Manchmal fühle ich mich, als wäre ich fünfzig oder sechzig. So viel habe ich schon erlebt. Dabei bin ich erst 21 Jahre alt.

Maryan

Als das Schiff in Mytilini anlegt, bekommen sie Wasser und Kekse. Dann werden sie mit einem Bus ins Lager Moria gebracht. Das Erste, was Maryan von dem Ort sieht, sind die Scheinwerfer und der Zaun, der das Flüchtlingslager umgibt. Sie hat das Gefühl, in ein Gefängnis zu kommen. Überall sind viele Menschen. Maryan reiht sich für die Registrierung ein. Sie bekommt Kleider zum Wechseln, eine Damenbinde, einen Schlafsack und Shampoo. Niemand sagt ihr, wo sie sich waschen, umziehen oder zum Schlafen hinlegen könnte. Es gibt nirgendwo freie Plätze. Maryan behält ihre nassen Kleider an und übernachtet sitzend unter freiem Himmel. Die ganze Nacht ist sie in Angst vor Männern, die wie Schatten durchs Lager streifen. Sie sind allein oder in Gruppen unterwegs, ziellos auf der Suche nach irgendwas.

Am Morgen wird eine Somalierin, die mit ihrer Tochter auf der Flucht ist, auf Maryan aufmerksam. Sie nimmt sie in ihrem aus allerlei Material zusammengebauten Zelt auf, das sie mit anderen teilt. Man macht Platz, wo alles schon voll ist. Maryan schämt sich, vor allem wegen ihrer stinkenden Prothesen. Doch die Toiletten im Lager sind ekelhaft. Maryan kann ihre Prothesen dort nicht waschen. Es ist zu eng, sie kann sich nirgends hinsetzen, vor allem ist alles schmutzig, und es gibt kaum Wasser. Sie gibt auf und zieht sich schließlich doch im Zelt um.

Mitarbeitende einer Hilfsorganisation werden auf Maryan aufmerksam. Wegen ihrer schweren Behinderung und weil sie allein geflüchtet ist, wird sie als besonders verletzlich eingestuft. Ihr wird in einem abgegrenzten Teil des Lagers für schutzbedürftige Flüchtende ein Platz zugewiesen.

Dort wohnt sie mit einer Frau aus Syrien zusammen. Als die Syrerin merkt, dass Maryan Koranverse auswendig kann, ohne ihren Sinn zu verstehen, erklärt sie ihr die Bedeutung der arabischen Worte. Das fällt Maryan auch leicht, weil Somalisch zu etwa dreißig Prozent aus arabischen Wörtern besteht. Sie erfährt von einem Tageszentrum, zu dem nur Frauen Zutritt haben. Dort kann Maryan in Ruhe duschen und ihre Prothesen reinigen. Der Leiterin fallen Maryans alte, verbrauchte, instabile Prothesen auf, und sie recherchiert, wie sie ihr helfen kann. Mit einem medizinischen Visum kommt Maryan schließlich zur Behandlung in die Schweiz.

Die Anpassung der neuen Prothesen dauert ihre Zeit. Die Beinstümpfe sind unterschiedlich lang und beide stark vernarbt. Bei einem Stumpf ist die Narbe mit dem Knochen verwachsen. Die neue Prothese sitzt gut, drückt aber auf diese Narbe, die sich auch entzündet. Doch irgendwann sind alle Schwierigkeiten überwunden. Als Maryan schließlich ihre richtigen Prothesen erhält, angepasst an ihre Hautfarbe, ist sie unendlich froh. Mit der Zeit gewöhnt sich Maryan an das Schweizer Alltagsleben. Sie lernt, dass die Ernährung einen direkten Einfluss auf ihre Gesundheit hat, dass Bewegung wichtig ist und – Pünktlichkeit. Wenn sie zu den Terminen mit der Physiotherapeutin zu spät erscheint, verfällt die Zeit. Schon bald beherrscht Maryan deutsche Sätze und Redewendungen. Bei einer gynäkologischen Untersuchung wird festgestellt, dass Maryan beschnitten ist. Sie erfährt, dass dies, im Gegensatz zu ihrer Heimat, nicht so sein muss. Durch die Corona-Krise kann Maryan nicht, wie ursprünglich vorgesehen, nach Lesbos zurückkehren. Schließlich erhält sie in der Schweiz die Aufenthaltsbewilligung.

Maryan will sich bei ihren Geschwistern melden. Den Zettel mit der Telefonnummer der Tante, die ihre Geschwister aufnahm, hat sie wie einen Schatz gehütet. Doch die Tante nimmt Maryans Anrufe nicht entgegen und ruft auch nicht zurück. Vielleicht lebt sie nicht mehr. Oder sie befürchtet, dass Maryan sie um Hilfe bitten will. Ob ihre Geschwister noch leben, weiß Maryan nicht. Sie will nie wieder zurück nach Somalia. »Nur an meine Mutter werde ich mich immer erinnern. Ihr Name war Hamilou.«

In seinem Weltbevölkerungsbericht kommt der Bevölkerungsfonds der Vereinten Nationen (UNFPA) zu dem Schluss, dass in den 57 Ländern, in denen die Befragung durchgeführt wurde, nur die Hälfte der Frauen Entscheidungsgewalt über ihren Körper haben. Befragt wurden mehrheitlich Frauen in der Subsahara. In Ländern wie Mali, Niger oder Senegal ist es nur jede zehnte Frau. In den meisten dieser Länder kennt man auch keine Vergewaltigung in der Ehe. Mädchen mit einer Behinderung haben ein dreimal höheres Risiko, Opfer von sexueller Gewalt zu werden.

Gemäß Umfragen von Kinderschutzorganisationen wurde 2020 in einigen Ländern ein Anstieg von Genitalverstümmelungen registriert. Somalia hat eine der weltweit höchsten Raten der Genitalverstümmelungen. 98 Prozent der Mädchen und Frauen sind betroffen. Auf Beschneidungen von Säuglingen wird verzichtet. Weil es zu Verwachsungen kommen kann. Bevorzugt wird die Beschneidung im Alter von fünf bis acht Jahren durchgeführt. Das Mädchen soll den Schmerz spüren, sich daran erinnern und sich bewusst sein, dass alles Geschlechtliche schlecht ist.

Gerhard Trabert, Notfallarzt, Deutschland

Gesundheitsversorgung im Flüchtlingslager

Er kommt abgekämpft zu unserem Treffen, hat den ganzen Tag im neuen Flüchtlingslager Mavrovouni auf Lesbos Patient:innen betreut. Gerhard Trabert setzt sich, blickt mich mit seinen stahlblauen Augen an, ist hellwach. »Ich bin der Gerhard.«

Gerhard Trabert hat Sozialpädagogik studiert, ein Medizinstudium angeschlossen und sich auf Notfallmedizin spezialisiert. Er ist Professor für Sozialpädagogik an der Hochschule Rhein-Main in Wiesbaden. Im Herbst 2021 hat er für das Amt des deutschen Bundespräsidenten kandidiert, vorgeschlagen von der Partei der Linken, erfolglos. Trabert praktiziert die »aufsuchende Gesundheitsversorgung«, will heißen, er geht aktiv auf Patient:innen zu. Bekannt wurde er in Deutschland als Arzt wohnungsloser Menschen. Mit seinem »Arztmobil« fährt er zu Menschen, die auf der Straße leben, und bietet ihnen kostenfrei ärztliche Hilfe an. Für sein Engagement wurde ihm das Bundesverdienstkreuz verliehen. Trabert hat bei zahlreichen Auslandseinsätzen Gesundheitseinrichtungen unterstützt, für bosnische Flüchtlinge in Slowenien, im Aqrabat Hospital in Idlib in Syrien und auf dem ResQship, einer zivilen Seenotrettung von Flüchtlingen im Mittelmeer. »Besonders verletzliche Menschen brauchen Schutz. Das hat sich die EU auf die Fahne geschrieben. Das muss Europa leisten. Und Deutschland muss da vorangehen.«

Aufsuchende Gesundheitsversorgung betreibt Gerhard Trabert auch bei den geflüchteten Menschen auf Lesbos. Regelmäßig besucht er das Flüchtlingslager Moria. Allein im Jahr 2020 ist er viermal auf Lesbos, sucht Zelt für Zelt auf und erkundigt sich nach dem Befinden der einzelnen Menschen. Im Herbst 2020 erfährt Trabert in den Nachrichten vom Brand des Flüchtlingslagers Moria, packt einen Koffer und einen Rucksack mit allem, was es für die medizinische Betreuung von Menschen in einer solchen Situation braucht, Verbandsmaterial, Salben, Desinfektionsmittel, Schmerzmittel. Eine Legitimation durch die griechischen Behörden beantragt er nicht. Er nehme sich das Recht heraus, das offensichtliche Leid und die Not dieser geflüchteten und nun durch das Feuer obdachlos gewordenen Menschen zu lindern. Er sei durch seinen hippokratischen Eid legitimiert. Alles andere interessiert ihn nicht.

Auf Moria empfängt ihn das reine Chaos. In den Tagen nach dem Brand rollt Hilfe erst langsam an, und die lokalen Behörden sind damit beschäftigt, die geflüchteten Menschen nicht in den Hauptort Mytilini eindringen zu lassen. Gerhard Trabert kümmert sich nicht um das Gerangel. Er hält Sprechstunde auf der Straße, bleibt bei den geflüchteten Männern, Frauen, Kindern.

Dass Frauen aus ganz anderen Gründen flüchten als Männer, weiß Trabert aus vielen Situationen. Bei einer Seenotrettung im Mittelmeer ist der Notfallmediziner dabei, als eine Frau aus Gambia mit ihren drei Töchtern an Bord genommen wird. Sie erklärt, dass sie ihren Töchtern das Schicksal der Genitalverstümmelung ersparen wollte. Trabert hat kein Verständnis für eine Asylbehörde in Deutschland, die in einem solchen Fall meint, dass die Verstümmelung nun einmal geschehen sei und man die Frau jetzt auch wieder nach Hause schicken könne. Er engagiert sich auf politischer Ebene dafür, dass auch eine bereits erlittene Beschneidung als Fluchtgrund anerkannt wird und nicht nur die Flucht davor.

Gerhard Trabert spricht leise, aber dezidiert: »Punkto Genitalverstümmelungen gibt es drei Schritte: aufklären, dass das bei uns verboten ist; als Asylgrund anerkennen; rekonstruieren, was möglich ist.«

Wenige Tage nach dem Brand kann Trabert im sogenannten Stonehouse, einer alten Fabrikhalle in der Nähe des Lagers, eine Notfallpraxis mit Sprechstunde einrichten. Er behandelt zutiefst verunsicherte, traumatisierte Menschen. Darunter sind schwangere Frauen, die fürchten, ihre ungeborenen Kinder seien durch ihre Angst vor dem Feuer gestorben. Sie hatten seit dem Brand keine Kindsbewegungen mehr festgestellt. Trabert hört ab und kann beruhigen. Er erzählt von einer hochschwangeren Flüchtlingsfrau, die im Krankenhaus in Mytilini nicht aufgenommen worden sei, weil sie keinen negativen Covid-19-Test vorweisen konnte. Sie habe ihr Kind dann in einem Park geboren. Aus demselben Grund wurde auch eine vergewaltigte Frau aus dem Lager Moria abgelehnt. »Die Würgemale eines Stricks an ihrem Hals waren deutlich zu sehen.« Die Frau blutete und hätte dringend auf die Notfallstation gesollt. Der Versuch, die Vergewaltiger bei den griechischen Behörden anzuzeigen, sei gescheitert, weil sich niemand zuständig zeigte.

Auseinandersetzungen unter Flüchtlingen seien im neuen Lager Mavrovouni an der Tagesordnung, auch wenn die Polizei stärker präsent sei als im alten Lager, stellt Trabert fest. Die Polizisten kontrollierten vor allem, wer ein oder aus gehe. Journalisten, die über die erschreckenden Zustände berichten könnten, dürfen nicht hinein. Die Ambulanz rücke nicht aus, wenn sie für einen Verletzten im Lager Mavrovouni angefordert werde.

Gerhard Trabert konzentriert sich besonders auf Flüchtlinge mit körperlicher Behinderung. Er schätzt, dass mindestens ein Drittel der Menschen im Lager betroffen ist. Ihre Behinderungen stammen von Kriegsverletzungen wie Granatexplosionen, von Verletzungen durch einstürzende Bauten, aber auch von Folterungen. »Menschen mit Behinderung und Fluchtgeschichte gehören zu der Gruppe der besonders schutzbedürftigen geflüchteten Personen und haben ein Anrecht auf die notwendige medizinische Versorgung und Beratung.« Die UN-Behindertenrechtskonvention und die EU-Aufnahmerichtlinien verpflichten staatliche Stellen, besonders schutzbedürftige Geflüchtete zu identifizieren und gut zu versorgen.

Zwei Patient:innen konnte Gerhard Trabert mit neuen Prothesen versorgen. Dafür mobilisiert er private Spendengelder und sein Hilfswerk »Armut und Gesundheit«, das in Deutschland ansässig ist. Rund 3500 Euro seien für eine Unterschenkelprothese zu veranschlagen; bei einer Oberschenkelprothese vervierfache sich der Betrag. Er weiß, wie wichtig Öffentlichkeit, Aufklärung und Lobbying ist. So lässt er sich von einem Fotografen begleiten, als er einer Geflüchteten im Lager Mavrovouni eine neue Beinprothese überbringt. Die Prothese ist für Zeynab. Sie stammt aus Afghanistan und hatte Kinderlähmung. Ihr Arzt war der Ansicht, dass sie ihren Fuß und ihr verkrüppeltes Bein nicht mehr brauchen würde. Er nahm das Bein am Unterschenkel ab. Zeynab bekam eine mehr schlecht als recht angepasste Prothese. Und anders als in Ländern wie Deutschland oder der Schweiz, wo Prothesen alle paar Jahre angepasst oder ersetzt werden, muss in Afghanistan eine Prothese ein Leben lang halten. Entsprechend wird sie immer wieder geflickt. Trabert hat auf Anweisungen eines Orthopädiemechanikers Zeynabs Beinstumpf im Lager Moria ausgemessen und die alte, verbrauchte Prothese mit nach Deutschland genommen. Dort wurde auf der Basis dieser Angaben eine neue angefertigt.

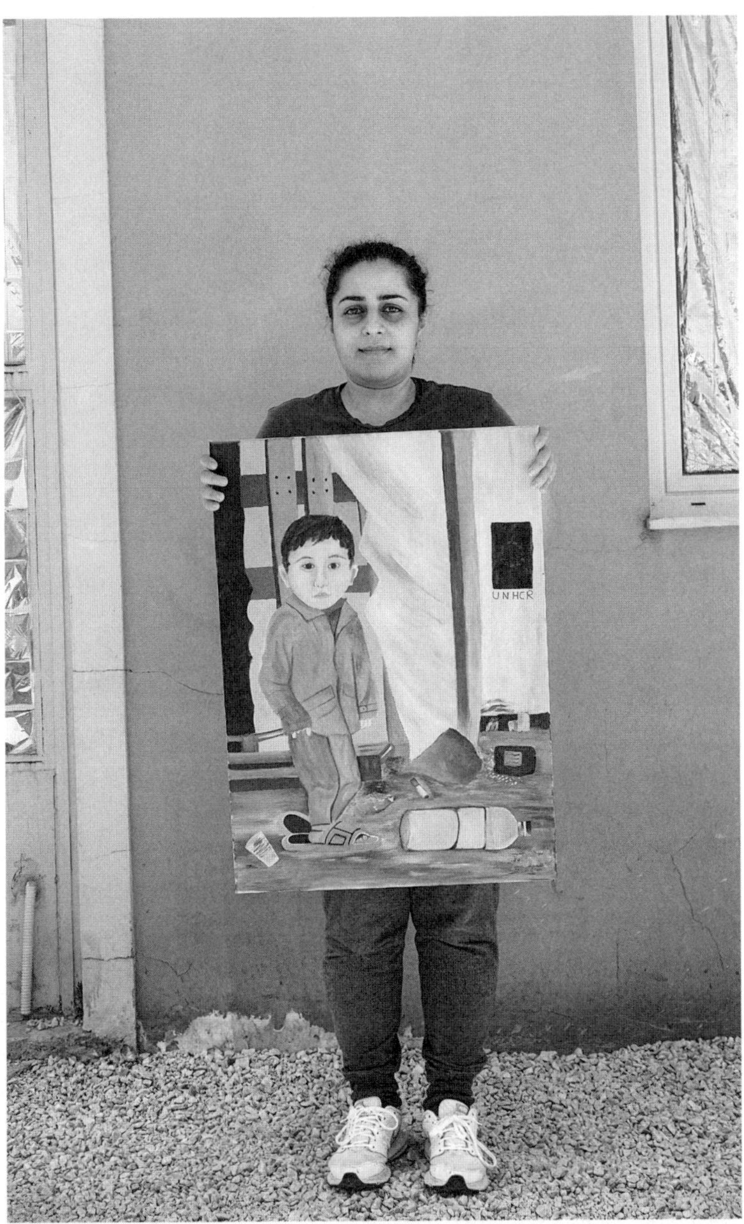

Nazanin mit einem ihrer Bilder, das einen Flüchtlingsjungen zeigt, Lesbos, 2021

Sayragul Sauytbay beim Kochen, Schweden, 2021

Sayragul Sauytbay, Xinjiang, China

Das Licht war grell. Es ging nie aus.

Ich treffe Sayragul Sauytbay in Schweden. Nach dem Interview, geführt mit einem Übersetzer, sitzen wir noch allein in ihrer Küche und unterhalten uns. Eine Übersetzungs-App hilft. Wir verstehen uns in der gemeinsamen Sorge vor der scheinbar unaufhaltsamen Einflussnahme Chinas auf den Westen.

Herzliche Gratulation, liebe Sayragul Sauytbay! Du hast 2020 den International Women of Courage Award erhalten und wurdest 2021 mit dem Nürnberger Menschenrechtspreis ausgezeichnet. Seit Juni 2019 lebst du in Schweden. Wie geht es dir und deiner Familie? Hast du Kontakt zu deiner Mutter, deiner Familie?
Sayragul Sauytbay: Wir fühlen uns hier in Schweden sehr wohl. Wir spüren, was Respekt, Freiheit und Frieden ist. Meine Tochter durfte am ersten Schultag die uigurische Fahne malen und im Schulzimmer aufhängen. Wir erleben ein großartiges, lange nicht mehr gekanntes Gefühl eines Lebens in Würde. Trotzdem ist das Leben nicht leicht für meinen Mann, die Kinder und mich. Meine Mutter ist über siebzig Jahre alt. Ich habe seit Ende 2016, seit der Genozid an den Uiguren begonnen hat, keinen direkten Kontakt mehr zu ihr oder meinen Geschwistern. Ich weiß aber, dass sie bedroht, rund um die Uhr beobachtet werden und auch inhaftiert und vernommen wurden.

Die Begriffe »Uigure« und »Terrorist« werden in China als Synonyme gebraucht. Wer einen Koran zu Hause hat, kann als Terrorist verhaftet werden. Aus welchem Grund wurdest du in einem Internierungslager inhaftiert?
Ich habe nie gegen die chinesische Regierung aufbegehrt. Eines Tages wurde ich verschleppt und musste in einem Lager als Lehrerin arbeiten und die Inhaftierten in Chinesisch und Staatskunde unterrichten. Dabei wurde ich selbst isoliert in einer Zelle gefangen gehalten. Ich habe mit angesehen, wie die internierten Uigur:innen unterdrückt, gefoltert, vergewaltigt wurden. Ich konnte ihnen nicht helfen, durfte keine Reaktion zeigen, weil ich sonst selbst in Gefahr geraten wäre. Ich musste mitspielen. Die Internierten wurden gezwungen, ständig dieselben Sätze zum Lob der Partei zu wiederholen. Das wurde kontrolliert. Wer im Unterricht nicht mitkam, wurde zurückgestuft und zur Strafe gefoltert. Die Jüngste in meiner Klasse war ein Kind, die Älteste eine Frau von über achtzig Jahren. Muslime mussten freitags Schweinefleisch essen. Die Erinnerungen belasten mich unsäglich. Ich schlafe schlecht. Meine Gesundheit ist angeschlagen, sodass ich häufig Ärzte aufsuchen muss.

Was hat die chinesische Regierung gegen die Uiguren?
Ostturkestan ist reich an Bodenschätzen wie Gold, Gas, Erdöl, Uran, Eisenerz und besonders an Kohle. Insgesamt soll sich ein Fünftel der Kohle-, Gas- und Erdölvorkommen Chinas in Xinjiang befinden, die höchste Konzentration an fossilen Energieträgern in China. Die chinesische Regierung erklärt Ostturkestan als schon immer zu China gehörig und beansprucht damit das Recht, die Bodenschätze zum Wohl des chinesischen Volkes abzubauen. Das Gebiet Ostturkestan wurde aber erst 1949 von China annektiert. Wir haben uns damals nicht gewehrt, denn lange passierte nichts. Aber China denkt und plant langfristig. Schon damals muss der Regierung in Peking klar gewesen sein, dass in Ostturkestan riesige Rohstoffreserven lagern und dass das Gebiet das Tor zum Westen ist. Wenn

die Uigur:innen einen eigenen Staat hätten und ihre Bodenschätze selbst vermarkten könnten, wäre das für China ein Nachteil.

Gibt es inzwischen Beweise für die Internierungslager?
Es gibt Satellitenbilder und anderes Bildmaterial, das aus China herausgeschmuggelt wurde. Außerdem gibt es Berichte, dass neue, unterirdische Internierungslager angelegt und die Internierten dorthin verlegt wurden. Die unterirdischen Lager lassen sich auf Satellitenbildern nicht so leicht erkennen. Weiterhin gibt es Nachrichten, dass Schulen und Krankenhäuser zu Konzentrationslagern umfunktioniert werden, damit sie nicht zu identifizieren sind. All das geschieht, um die Uiguren und andere muslimische Minderheiten in China auszurotten.

Du hast Medizin studiert und als Ärztin gearbeitet. In deinem Buch schreibst du, dass du dich wunderst, warum den Medizinstudent:innen eine große Fülle gesunder Organe zum Lernen zur Verfügung stand. Du schreibst auch, dass du Organhandel vermutest.
Chinas Gesundheitsminister erklärte, dass zwei Drittel der transplantierten Organe von hingerichteten Gefangenen stammen würden. Das hätte aber bei weitem nicht ausgereicht. Im Buch habe ich festgehalten, dass ich im Internierungslager auch Krankenakten sortieren musste. Es gab junge, gesunde Internierte, deren Krankenakte mit einem roten X gekennzeichnet war. Plötzlich waren diese Menschen verschwunden. Zudem wurden den Internierten Medikamente verabreicht. Manche wurden monatlich geimpft. Eine chinesische Krankenschwester bestätigte mir gegenüber heimlich, dass internierte Frauen dadurch keine Kinder mehr bekommen können.

Du hattest Einblick in chinesische Strategiepapiere. Was habst du davon in Erinnerung behalten?
Ich habe einen streng geheimen Drei-Stufen-Plan der Regierung zu sehen bekommen. Die Stufe Drei, Besetzung Europas, soll in den

Jahren 2035 bis 2055 realisiert werden. Die chinesische Partei strebt die Weltherrschaft an. Ich musste den Internierten diesen Drei-Stufen-Plan eintrichtern. Sie sollten das Gefühl bekommen, dass jeder Widerstand gegen das allmächtige China zwecklos ist. Zum Unterrichtsstoff gehörte auch das Schlechtmachen der USA. Sie gelten der kommunistischen Partei Chinas als Staatsfeind Nummer eins. Demokratie sei ein gescheitertes Modell, das Chaos und Krisen auslöse.

Heute bist du eine Menschenrechtsaktivistin, die Zeugnis ablegt von der Existenz und der Hölle der chinesischen Vernichtungslager.

Als man mich entließ, hatten die chinesischen Behörden von mir unter Androhung der Todesstrafe verlangt, über alles, was ich im Lager gesehen und erlebt hatte, zu schweigen. Kein Wort sollte über die brutale, menschenverachtende »Umerziehung« der muslimischen Bevölkerungsminderheiten nach außen dringen, schon gar nicht in den Westen. Systematische Internierung einer ganzen Volksgruppe gilt als eines der größten Verbrechen gegen die Menschlichkeit unserer Zeit. Wie immer sind Frauen von Gewalt noch stärker betroffen. Seit dem Tribunal in London im Herbst 2021 wissen wir von systematischen Vergewaltigungen und Massenvergewaltigungen. Was ich mit ansehen musste, war unvorstellbar grausam. Hier im Westen machen sich die Regierungen und die Menschen keine Vorstellung davon, wie entsetzlich die Unschuldigen in den chinesischen Konzentrationslagern leiden müssen. Zum Glück dringen nun Berichte nach außen. Lange hat China die Existenz der Konzentrationslager abgestritten. Als es nicht mehr anders ging, wurden die Lager als Berufsbildungseinrichtungen bezeichnet. Inzwischen weiß die Weltöffentlichkeit, dass in diesen Vernichtungslagern der Genozid an den Uiguren stattfindet.

Dass ich darüber sprechen würde, das hatte ich mir in der ersten Nacht unter der grellen Lampe, die ständig in meiner Zelle brannte, geschworen. Sollte mir die Flucht gelingen, würde ich über diese

Zustände berichten. Das bin ich diesen verzweifelten, von jeder Menschlichkeit verlassenen Menschen schuldig. Deshalb tue ich das. Auch wenn ich mich und meine Familie großer Gefahr aussetze.

Geschlechtsspezifische Gewalt ist für flüchtende Frauen eine alltägliche Erfahrung, auch in Flüchtlingslagern. Was hast du beobachtet?
Wenn ich daran zurückdenke, spüre ich, wie mein Herz bricht. Wir haben jetzt zwei Stunden geredet. In dieser Zeit sind in chinesischen Konzentrationslagern in Ostturkestan Tausende Uigur:innen gestorben. Die Brutalität gegen die Uigur:innen in den Lagern ist grausam, menschenverachtend – und sie dauert an. Jetzt, in dieser Minute, morgen, nächste Woche, unaufhörlich. Da leiden Menschen so schrecklich und nichts kann ihnen helfen.

Flucht ist eine der letzten Optionen, die einem bedrohten Menschen bleibt. Was bedeutet es für dich, dass du fliehen, deine Heimat verlassen musstest?
Wenn ich nicht geflohen wäre, wäre ich jetzt tot, und man hätte nicht einmal meine Leiche gefunden. Die Brutalität des chinesischen Regimes ist wahnwitzig. Für mich bedeutete die Flucht den Verlust meiner Heimat, mit allem, was damit zusammenhängt. Ich werde meine Familie und meine Freunde, die noch in Ostturkestan sind, wohl nie wiedersehen.

Wie hast du deine Flucht erlebt? Welchen Gefahren warst du ausgesetzt? Konntest du auf Helfer zählen?
Ich hatte keine Hilfe. Auf der Flucht war ich auf mich gestellt. Ich konnte auch nicht über die Fluchtvorbereitung reden, konnte niemandem vertrauen. Ich hätte Freund:innen in Gefahr gebracht und auch mich selbst. Niemand ist sicher vor den Schergen der chinesischen Regierung. Alle sind eingeschüchtert. Flucht, wie ich sie erlebt habe, ist eine Extremsituation.

Was rätst du Frauen, die sich zur Flucht entschließen? Wie können sie sich schützen?

Jede Flucht ist anders. Ich musste flüchten, sonst wäre ich in einem chinesischen Konzentrationslager gelandet und wahrscheinlich schnell umgebracht worden. Die Gefahren, vor allem für Frauen, sind beträchtlich. Ich bin sicher, nicht jede schafft das. Es gibt keine Vorbereitung auf das, was man dabei erlebt, für die Todesängste, die man aussteht. Aber Allah hat mich beschützt, mir Mut gegeben. Um ein Haar hätte mich Kasachstan an China ausgeliefert. Wir hatten Glück, in Schweden gerade noch rechtzeitig Asyl zu erhalten.

Wie informieren sich die Menschen in China? Welches Wissen oder welche Propaganda gibt es?

Es gibt keinen Respekt für Andersdenkende und schon gar nicht für die als rückständig abgestempelten Volksminderheiten wie die Uiguren, Kasachen, Kirgisen in China. Dabei ist China ein Vielvölkerstaat mit unterschiedlichen ethnischen, religiösen Volksgruppen. Diese Vielfalt könnte man als bereichernd empfinden. Aber den Han-Chinesen wird von der Regierung vermittelt, sie seien etwas Besseres. Dementsprechend denken sie, dass sie etwas Gutes tun, wenn sie die Uiguren kolonialisieren und ihnen den Segen der Partei zuteilwerden lassen. Auf YouTube werden Filmchen angeboten, die zeigen, welche »Glückseligkeit« China den rückständigen Menschen in den unterentwickelten Gebieten gebracht hat. Dass China in diesen Gebieten im großen Stil Bodenschätze abbaut, deren Gewinne nicht den Menschen an Ort und Stelle zugutekommen, wird nicht gezeigt. Han-Chinesen erhalten staatliche Förderung, wenn sie sich in Ostturkestan niederlassen. Die ortsansässigen Uiguren bekommen nichts, viele sind arbeitslos und müssen gefährliche, auch lebensgefährliche Jobs beim Abbau der Bodenschätze annehmen. Das schafft ein großes Ungleichgewicht. Als ich noch in Ostturkestan lebte, lehnten es chinesische Taxifahrer ab, mich mitzunehmen, weil sie mich als Uigurin erkannten.

Gibt es eine Opposition in China?

Vielleicht unter gebildeten Akademikern. Aber niemand würde sich öffentlich äußern. Die Chinesen glauben, zumindest offiziell, dass man der Partei das Regieren überlassen kann, denn dann herrschen Ruhe und Ordnung. Niemand hat den Mut, sich gegen die kommunistische Partei aufzulehnen.

Im Interview mit der Zeitschrift *The Voice* der Gesellschaft für bedrohte Völker (GFBV) forderst du, dass westliche Länder gemeinsam wirksame Maßnahmen gegen die Einflussnahme Chinas ergreifen. Wäre ein Boykott chinesischer Waren in deinen Augen ein Ansatz?

Es ist ein Kampf Davids gegen Goliath. China ist ein Überwachungsstaat mit einer hochmodernen Propagandaarmee. Chinas Nachbarländer, wie Kasachstan, sind heute längst dessen Provinzen. Der Rest der Welt wird bewusst getäuscht und auf der anderen Seite abhängig gemacht. Es gibt nur einen Weg, nämlich diese Gefahr immer wieder öffentlich in den verschiedensten Medien zu benennen und das Thema aktuell zu halten. Die Aussicht auf eine Zukunft mit einem dominanten China erschreckt mich.

Sayragul Sauytbay wurde 1977 in einer Jurte geboren. Sie wuchs als Angehörige der kasachischen, muslimischen Volksgruppe in Ostturkestan (chinesische Provinz Xinjiang) auf. Im November 2017 wurde sie verhaftet und musste als Lehrerin bei der Umerziehung der Uigur:innen in einem Internierungslager mitwirken. Im März 2018 gelang ihr die Flucht nach Kasachstan. Später erhielt sie Asyl in Schweden. Über ihre Lebensgeschichte und die unvorstellbar brutalen Bedingungen, unter denen schätzungsweise zwei Millionen Uiguren und andere muslimische Minderheiten in den Internierungslagern festgehalten, gefoltert und getötet werden, hat sie mit Alexandra Cavelius als Koautorin ein Buch geschrieben, das in viele Sprachen übersetzt und ein Welterfolg wurde (deutsche Ausgabe 2020 unter dem Titel *Die Kronzeugin*).

Im März 2020 wurde Sayragul Sauytbay in Washington mit dem International Women of Courage Award ausgezeichnet. Sayragul Sauytbay war eine wichtige Zeugin, die Ende 2021 in London an einem unabhängigen Tribunal aus Menschenrechtsanwält:innen, Ärzt:innen und weiteren Expert:innen aussagte. Das Tribunal kam zum Schluss, dass in Xinjiang ein Genozid an den Uiguren stattfindet; es gebe Beweise für Folter, Menschenrechtsverletzungen und sexuelle Gewalt. Im Mai 2022 erhielt Sayragul Sauytbay den Internationalen Nürnberger Menschenrechtspreis . Die Jury begründet die Ehrung damit, dass die Preisträgerin »trotz ständiger Drohungen und Einschüchterungsversuche furchtlos Zeugnis ablege und sich mit bewundernswertem Mut für die muslimischen Minderheiten in China einsetze«. Zudem wolle die Jury auch das Eintreten von Frauen für die Menschenrechte würdigen.

Angela Mattli, Gesellschaft für bedrohte Völker, Schweiz

Doppelt bedrohte Frauen in Xinjiang

An einem kalten Novembertag spazieren wir an der Aare in Bern. Angela Mattli engagiert sich leidenschaftlich.

Sayragul Sauytbay ist Angehörige einer Volksgruppe, die durch die chinesische Politik bedroht ist. Wie sieht die Hilfe aus, welche die Gesellschaft für bedrohte Völker leisten kann?
Angela Mattli: Als internationale Menschenrechtsorganisation mit Fokus auf Minderheiten und Indigene ist es uns ein großes Anliegen, die unhaltbare Situation in Xinjiang oder Ostturkestan publik zu machen und Politik und Wirtschaft zum Handeln zu bewegen. In Xinjiang sind international bedeutende Industriebetriebe angesiedelt, deren Produkte Teil weltweiter Lieferketten sind. Es darf nicht sein, dass unsere Wirtschaft von Zwangsarbeit und anderen schwersten Menschenrechtsverletzungen gegenüber den uigurischen, kasachischen und kirgisischen Gemeinschaften profitiert.

Wie schätzt du die spezifische Situation von Frauen bedrohter Volksgruppen ein? Ist das Überleben für sie anders, schwieriger? Und wenn ja, in welcher Weise?
Frauen gehören auch bei Minderheiten zu den besonders vulnerablen Personen. Sie unterliegen dann einer mehrfachen Diskriminierung, als Angehörige einer Minderheit, aber auch als Frau. In traditionellen Gemeinschaften gilt die Frau als Kulturträgerin; sie

gibt Wissen und Traditionen an die kommenden Generationen weiter. Bei dem kulturellen Genozid und den Verbrechen gegen die Menschlichkeit, die gegenwärtig in Xinjiang passieren, sind die Frauen besonders verletzlich. Sie erleben neben den üblichen Repressionen zusätzliche, geschlechtsspezifische Gewalt wie sexuelle Übergriffe, Zwangssterilisierung, Zwangsabtreibungen.

In dem Sinne sind Frauen der bedrohten Minderheiten in Xinjiang in besonderem Maße vom Genozid betroffen. Wie lassen sich diese Frauen schützen? Gibt es dafür Strategien?
Leider gibt es keine spezifische Strategie. Auffällig ist jedoch die Resilienz der Frauen. Seit ein paar Monaten werden immer wieder Zeugenaussagen über die Gräueltaten in Xinjiang publik. Der größte Anteil dieser Berichte stammt von Frauen. Es ist wichtig, diesen Frauen zuzuhören und die Berichte zu dokumentieren. Es ist zu hoffen, dass diese Dokumente in näherer Zukunft auch juristisch verwendet und die Täter zur Rechenschaft gezogen werden.

Gibt es chinesische Frauenorganisationen, die sich gegen diese Art der geschlechtsspezifischen Gewalt aussprechen? Hast du, hat die Gesellschaft Kontakt? Gibt es ein gemeinsames Vorgehen?
Die Vereinten Nationen haben die Situation in Xinjiang mehrmals verurteilt. Auch im Zusammenhang mit der geschlechtsspezifischen Gewalt gegenüber Frauen. Wir haben gegenwärtig keinen Kontakt mit Organisationen in China. NGOs haben leider keinen Zugang in Xinjiang. Die Überwachung ist immens, und wir würden unsere Leute in Gefahr bringen.

Flucht ist eine der letzten Lösungen, wenn das Leben im Heimatland unmöglich wird. Ermuntert die Gesellschaft bedrohte Menschen zur Flucht?
Dazu kann ich nichts sagen. Wir sind keine Asylexpert:innen.

Die Gesellschaft für bedrohte Völker stellt Forderungen an den Schweizer Bundesrat, bezüglich seines Verhaltens beim bilateralen Freihandelsabkommen mit China von 2014 und dem Belt-and-Road Memorandum of Understanding von 2019. Wie ist da der Stand?
Der Bundesrat hält bislang an seiner bestehenden Position gegenüber China fest. Doch der Druck im Parlament wächst. So hat die Außenpolitische Kommission im Sommer 2021 entschieden, dass das Freihandelsabkommen mit China dringend durch einen Paragrafen zu den Menschenrechten ergänzt werden muss. Der Bundesrat tut sich momentan bezüglich der Übernahme der EU-Sanktionen gegen China schwer. Wir hoffen sehr, dass diese Sanktionen auch von der Schweiz angewendet werden. Es ist die Nagelprobe der Schweizer Chinastrategie.

Menschenrechtsforderungen an China sollen gemäß der Gesellschaft für bedrohte Völker immer wieder gestellt werden. Wie reagiert China auf solche Forderungen?
Die politische Position der Schweiz wird von China genau beobachtet. Bis jetzt ist es jedoch beim medialen Säbelrasseln geblieben.

Tendöl Namling in ihrer Boutique, Bern, 2021

Tendöl Namling, Tibet, China

Eine Frau, die Tibet lebt und atmet

Tendöl Namling signiert ihre Biografie *Eine Kindheit in Tibet*, verfasst von Thérèse Obrecht Hodler.

Es gibt Malaketten, tibetische Gebetsfahnen, Kaschmirschals, einen würzigen Sieben-Zutaten-Tee, der gegen alles gut ist, was einen an Gebrechen heimsuchen kann. Die Berner:innen frequentieren den kleinen Laden von Tendöl Namling im Schatten des Münsters; auch eine Bundesrätin kauft bei ihr ein. Tendöls Lhasa Boutique ist eine Oase, aber auch Ausdruck des Selbstbewusstseins und der starken Identität der Tibeter:innen in der Schweiz. An diesem Septembermorgen 2021 ist es ruhig hier im Laden. Wir trinken Tee, sitzen auf niedrigen Schemeln. Tendöl erzählt von ihrer Kindheit und der Flucht aus Tibet vor fast vierzig Jahren. Sie hat keine Angst, ihre Erlebnisse zu schildern. Das ist nicht für alle Tibeterinnen so, die ich gefragt habe. Die Begründung war immer gleich: »Ich traue mich nicht, weil ich meine Verwandten in Tibet nicht gefährden möchte. Ich habe Angst um sie. Heute mehr denn je!«

Die tibetische Oberschichtfamilie ist den chinesischen Machthabern ein Dorn im Auge. Tendöl ist elf Jahre alt und das jüngste Kind. Ihr Vater ist mit ihren drei älteren Schwestern vor ihrer Geburt nach Indien geflohen; er wird Tendöl nie kennenlernen. Die Mutter Choekyi wird 1972, mitten in der Kulturrevolution, verhaftet und zu zehn Jahren Gefängnis verurteilt. Ihr wird vorgeworfen, die ideologische Umerziehung nicht akzeptiert zu haben, und sie wird als Klassenfeindin gebrandmarkt. Tendöl und ihre beiden in Tibet verbliebenen Geschwister kommen bei einer Tante unter, leben in bitterer Armut, verhungern fast.

Sie werden gezwungen, öffentlichen Hinrichtungen und Kampfsitzungen (tibetisch *thamzing*) beizuwohnen. Diese politischen Demütigungsveranstaltungen sollen die Kinder abschrecken, ebenfalls zu Klassenfeinden zu werden.

Als Vierzehnjährige muss sie die Schule verlassen, um beim Straßenbau zu helfen. Tendöl und ihre Kamerad:innen leisten Schwerarbeit – täglich, stundenlang, bei jedem Wetter. Weil Tendöl den Straßenbau klaglos über sich ergehen lässt und durch ihre Freundlichkeit auffällt, darf sie 1980 in Lhasa eine Lehre als Automechanikerin beginnen. Das ist nichts Ungewöhnliches für eine junge Frau; unter chinesischer Herrschaft sind Frauen und Männer gleich. Die Lehre gefällt Tendöl ausgesprochen gut. Doch nie vergisst sie, was ihre Familie zu erleiden hat.

Ihre drei älteren Schwestern haben in Indien eine Klosterschule besucht. Der Vater hat sich dem Dalai-Lama angeschlossen, der ins indische Exil geflüchtet ist. Tendöls älteste Schwester heiratet den jüngsten Sohn des 11. Königs von Sikkim. Zwei von Tendöls Schwestern werden zu den ersten Kindern gehören, die der Dalai-Lama ins Pestalozzikinderdorf nach Trogen schickt. Dort wachsen sie in Sicherheit auf und können ihre tibetische Kultur pflegen.

Viele Tibeter:innen, die nach 1960 in der Schweiz ankommen, ziehen ins Dorf Rikon im Kanton Zürich, wo das erste tibetisch-buddhistische Kloster im Westen gegründet wird, gebaut von dem Pfannenhersteller Kuhn. Die meisten Exiltibeter:innen arbeiten auch bei ihm. Dieses Unternehmen lässt heute ausgerechnet in China produzieren.

Tendöls Bruder Tenor, der als Kind vom Dalai-Lama als Reinkarnation des 5. Khado Rhinpoche erkannt wurde, verbrachte als

Teenager drei Jahre in Einzelhaft. Heute lebt er in den USA, wo er als Koch in einem tibetischen Restaurant arbeitet.

Tendöl sieht den wachsenden Einfluss Chinas in Europa mit großer Sorge. Über die Situation in Tibet informiert sie sich, auch wenn es sie schmerzt. In ihrem Facebook-Account veröffentlicht sie Mitteilungen zu Übergriffen, Machtmissbrauch und Repressionen der chinesischen Regierung gegenüber der tibetischen Bevölkerung. »Wir sind in Tibet inzwischen zum ersten Mal in der Minderheit«, sagt sie. Über ihre Kindheit und Jugend in Tibet hat Tendöl nur ein paar Schwarzweißfotografien. Ihr Vater stirbt 1973. Ihre Mutter Choekyi ist, als sie nach fast zehnjähriger Haft und Zwangsarbeit entlassen wird, sehr gealtert. Zwei Jahre nach ihrer Freilassung flieht sie 1982 mit Tendöl und der zweitjüngsten Schwester aus Tibet. Sie gelangen nach Dharamsala, wo sich der Dalai-Lama und die tibetische Exilregierung niedergelassen haben.

Im gleichen Jahr noch reisen die drei Frauen in die Schweiz, wo die Familie im Pestalozzidorf Trogen wieder zusammenkommt. Mutter Choekyi hat ihre beiden älteren Töchter fünfundzwanzig Jahre nicht gesehen. Für Tendöl ist es das erste Zusammentreffen mit ihren Schwestern. Sie ist hin- und hergerissen zwischen der Sehnsucht nach ihrem Freund in Tibet und der Familie. Schließlich beantragt Tendöl Asyl in der Schweiz.

Zunächst arbeitet sie als Putzkraft in einem Krankenhaus, dann übernimmt sie eine Stelle als Haushaltshilfe und Altenpflegerin. Um besser Deutsch zu lernen, finanziert sie sich von ihrem Lohn Unterrichtsstunden. Später heiratet sie einen Landsmann. Das Paar bekommt zwei Kinder. 1996 eröffnet Tendöl ihren tibetischen Laden. 2002 reist sie erstmals zurück nach Tibet. Tendöl ist jedoch so schockiert von den Veränderungen und der Allgegenwart und Dominanz der Chines:innen, dass sie beschließt, ihr Heimatland nie wieder zu besuchen. Sie will sich das Tibet ihrer Erinnerungen bewahren.

Gebetsfahnen verkaufen sich besonders gut dieses Jahr und

auch schon während der Coronazeit, ebenso die *malas*, die Gebetsketten, sagt Tendöl. Sie vermutet, dass die Menschen hier sich von den buddhistischen Lebensgrundsätzen angesprochen fühlen. »Unsere Werte wie Mitgefühl, Güte und Gleichmut kennt die ganze Welt.« Das Gute, das man tue, kehre zu einem zurück. Nach dieser Überzeugung lebt sie. »Zeit ist nicht wichtig. Zeit ist jetzt. Die Vergangenheit ist vergangen. Das Jetzt ist wichtig. Wichtig ist, im Jetzt Gutes zu tun.«

Tendöl hat viele Freund:innen in Bern. Sie wandert häufig im Berner Oberland; die Berge erinnern sie an ihre Kindheit in Lhasa. So verbunden sie sich Tibet fühlt, gekocht wird meist schweizerisch – weil's schneller gehe und nicht alles frisch zubereitet werden müsse.

Ihre Boutique führt Tendöl inzwischen mit ihrer Tochter Tenzing Losinger, die sich als Präsidentin im Verein Tibeter Jugend in Europa engagiert und mehrere Jahre das Tibet Film Festival in der Schweiz mitorganisiert hat. Sie gehen oft zusammen zu Informationsveranstaltungen zur Situation in Tibet. »Bei einer Veranstaltung über Tibet wurden wir von Chinesen beobachtet. Das macht mir schon Sorge.« Aber sie sagt auch: »Junge Tibeter:innen fühlen sich unserem Land durch die Ungerechtigkeit, die ihm durch China widerfährt, heute stärker verbunden denn je.« Die rund siebentausend Tibeter:innen, die in der Schweiz leben, sind gut vernetzt.

Auf der Website der deutschen Bundeszentrale für politische Bildung lese ich zu Tibet und Xinjiang, dass Viehhirten und Bauern, die bis dahin weitgehend als Selbstversorger wirtschaften konnten, im Rahmen der gegen die tibetische Kultur und Sprache gerichteten Assimilationspolitik der chinesischen Behörden eine mehrmonatige Berufsausbildung erhalten und danach in der Regel in Niedriglohnjobs in Tibet oder anderswo in China beschäftigt werden. Dokumente von nationalen und lokalen chinesischen Behörden belegen den politisch-ideologischen Charakter dieser Programme. Sie sol-

བོད་ཀྱི་གནས་ཚུལ་དང་དེའི་
ཞི་བདེའི་བལྟ་བ་ལ་འཛམ་གླིང་ཡོང་གི་དོ་སྣང་བྱེད་ཀྱི་ཡོད་
རྒྱ་ནག་གིས་ང་ཚོའི་དགོན་པ་གཏོར་ནའང་
དེའི་རིག་གཞུང་གཏོར་མི་ཐུབ་

(Tibetisch)

Das Schicksal Tibets und unsere friedvolle Philosophie berühren Menschen weltweit. China konnte unsere Klöster zerstören, aber nicht, was sie lehrten. Im Gegenteil.

Tendöl Namling

len den »negativen Einfluss der Religion« mindern und mit militärischem Drill »rückständige und passive Gedanken in Bezug auf Arbeit« vertreiben. Die exiltibetische Regierung und ausländische Wissenschaftler sehen starke Parallelen zum Vorgehen der chinesischen Behörden in anderen Regionen der Volksrepublik, wie insbesondere in der autonomen Region Xinjiang (Ostturkestan). Peking weist Fragen nach dem Zwangscharakter der Programme als haltlos zurück.

Die Tibet Initiative Deutschland veröffentlicht auf ihrer Website Informationen über den historischen und politischen Hintergrund der gegenwärtigen Entwicklungen. Tibet werde seit ihrem Einmarsch 1949/50 von der chinesischen Regierung als »Schatzhaus des Westens« bezeichnet. Es ist reich an Rohstoffen. Auf einer Fläche von rund 2,5 Millionen Quadratkilometern kommen unter anderem Lithium, Gold, Kupfer, Blei, Zink, Silber und Uran vor. Der Bau von Straßen, Bahnstrecken und Staudämmen zur Stromerzeugung, um den Abbau der Bodenschätze vorzubereiten, ist im letzten Jahrzehnt massiv vorangetrieben worden. Überall entstehen Minen.

Parallel dazu lässt die chinesische Regierung nichts unversucht, um die Tibeter:innen jeglicher Mitbestimmung über ihr Land und ihre Ressourcenvorkommen zu berauben, und weitet in allen erdenklichen Bereichen die Kontrolle über sie aus. Durch Zwangsansiedlung der seit tausend Jahren nomadisch lebenden Tibeter:innen des Hochlandes, durch Landraub und Umweltverschmutzung wird den Menschen zunehmend ihre Lebensgrundlage genommen.

Seit einigen Jahren dringen Informationen über die geheimen Pläne mit dem Titel »Tibets Wasser anzapfen, um China zu retten« an die internationale Öffentlichkeit. Im tibetischen Hochland lässt die chinesische Regierung rund hundert Dämme an den Oberläufen des Yangtse, des Mekong und des Salween bauen. Ein Drittel des

Stroms, der in China aus Wasserkraft erzeugt wird, soll in Zukunft aus Tibet stammen.

Ein neuer Damm im Hochland von Tibet soll dreimal so viel Energie liefern wie die Drei-Schluchten-Talsperre in der Provinz Hubei. Ein Plan mit weitreichenden Folgen vor allem für Indien, das durch den Bau von China abhängig zu werden droht. Es gibt starke ökologische Einwände gegen das Vorhaben. Der Damm würde sich wesentlich auf die Tier- und Pflanzenwelt auswirken. Und auch die kulturellen Konsequenzen wären gravierend. »Es gibt ein sehr reiches tibetisches kulturelles Erbe in diesen Gebieten«, sagt Tempa Gyaltsen Zamlha vom Tibet Policy Institute PhysOrg.

Anastasiia, Ostschweiz, 2022

Anastasiia, Ukraine

Das ist nicht mein Krieg

Anastasiia wohnt zwischen Autobahn und Weide auf einem Bauernhof. Ihre Mutter, die aus der Ukraine zu Besuch gekommen ist, kann nicht fassen, dass ich um neun Uhr vor der Haustüre stehe. Schweizer:innen seien tatsächlich pünktlich, lacht sie und umarmt mich.

Es ist fünf Uhr morgens in Odessa und stockdunkel. Anastasiia ist aufgewacht, weil auf der Straße die Autoalarme heulen. In der Ferne hört sie Grollen und nimmt an, es sei ein Gewitter. Doch das Wummern hält an. Auf dem Mobiltelefon sucht Anastasiia nach einer Erklärung. Sie ruft ihren Vater an. Auch er macht sich Sorgen. Eine dunkle Ahnung beschleicht sie. Dann erhält sie ein Video zugeschickt, in dem der russische Präsident erklärt, dass seit den frühen Morgenstunden eine militärische Sonderaktion in der Ukraine durchgeführt werde.

Seither starrt Anastasiia auf ihr Mobiltelefon. Tausende suchen nach Informationen zum feindlichen Überfall und tauschen sich über den russischen Nachrichtendienst Telegram aus. Gegen sechs Uhr meldet die Schule von Anastasiias Sohn David, dass der Unterricht ausfalle. Zum ersten Mal stellt sie sich die Frage, ob sie flüchten oder bleiben soll. Ihr bisheriges Leben scheint aufgehoben zu sein, dabei graut erst der Morgen; Anastasiia ist noch nicht einmal geduscht. Sie macht sich auf den Weg, um Lebensmittel einzukaufen. Für wie viele Tage muss der Vorrat reichen? Um elf Uhr an diesem 24. Februar 2022 gibt es kein Trinkwasser mehr zu kaufen.

Das fühlt sich unwirklich an. Anastasiia kann nicht fassen, dass sie sich verhält, als herrschte Krieg.

In Anastasiias Familie wird russisch gesprochen. »Das heißt nicht, dass wir prorussisch sind.« Sie ist zweiunddreißig Jahre alt, hat an der Universität Odessa internationale Beziehungen studiert und arbeitete in der Personaladministration einer griechischen Reederei, die in Odessa und Mariupol ukrainische Niederlassungen hat. Anastasiia ist alleinerziehend.

Die Meldungen überschlagen sich. Im Süden und Osten der Ukraine gehen Bomben nieder. Überall im Land werden Flughäfen angegriffen. Die russische Armee sei auf dem Weg in die Hauptstadt Kiew, wird berichtet. Anastasiia ist schockiert. Sie versucht, mit den Seeleuten, die für die Reederei unterwegs sind, Kontakt aufzunehmen. Die Regierung von Wolodimir Selenski ruft auf, keine Nachrichten über die sozialen Medien zu verschicken, die dem Feind in die Hände spielen. Gemeint sind Bilder von zerstörten Häusern, die von russischer Seite für Siegespropaganda genutzt werden können. »Das war hart, weil wir uns gegenseitig in unserer Empörung und unserem Schmerz beistehen wollten; gleichzeitig war es verständlich. In den ersten Tagen waren wir überzeugt, dass der Spuk bald vorüber wäre. Wie damals bei der Annexion der Krim. Wir nahmen an, dass sich die Mächtigen irgendwie arrangieren würden und unser Alltagsleben weiterginge.«

Doch die Tage vergehen. Wenn Luftangriffe bevorstehen, werden die Ukrainer:innen über Sirenen und ihre Mobiltelefone gewarnt, damit sie sich in Sicherheit bringen können. »Manchmal ging der Alarm stundenlang, zum Verrücktwerden!«

Sie fährt mit David zu ihren Eltern, die unter ihrem Haus einen Keller haben, der vor Bombenangriffen Schutz bietet. Ludmila und Wolodimir wohnen im westlichen Teil von Odessa. Anastasiia will nur ein paar Tage bleiben, bis das absurde Spiel vorbei ist. Sie hat nur wenig eingepackt. Mitten in der Nacht erfährt die Familie, dass die Grenze zu Moldawien geschlossen werden soll. Wieder steht die

Frage im Raum, ob sie fliehen oder bleiben sollen. Männer im Alter von achtzehn bis sechzig Jahren dürfen nicht mehr aus der Ukraine ausreisen, sondern müssen sich zur Landesverteidigung bereithalten. Anastasiias Bruder lebt schon seit Jahren in Bulgarien. Vater Wolodimir möchte sein Haus und die Ukraine auf keinen Fall verlassen, obwohl er über sechzig Jahre alt ist und sich nicht der Armee zur Verfügung stellen müsste. Odessa ist seine Heimat. Im Hafen hat er jahrzehntelang als Schiffselektriker gearbeitet. Ludmila will bei ihm bleiben.

Anastasiia entscheidet sich zur Flucht. »Ich machte mir schreckliche Sorgen um meinen Sohn. Ich wollte nicht, dass ihm etwas zustößt.« Nachts gilt eine Ausgangssperre von zweiundzwanzig Uhr bis sechs Uhr. Anastasiia sitzt in ihrem ehemaligen Kinderzimmer und macht kein Auge zu. Weil Odessa abgeriegelt ist, kann sie nicht zum Packen in ihre Wohnung zurückkehren. Außerdem drängt die Zeit. Sobald die Ausgangssperre aufgehoben ist, wollen sie los. Ludmila gibt Anastasiia ihren Wintermantel und warme Schuhe mit. Sie hat sich darauf gefreut, nach ihrer Pensionierung mit ihrem Enkel Zeit zu verbringen. Der Abschied fällt schwer. Wolodimir befürchtet, dass Anastasiias Auto beschlagnahmt oder seine allein flüchtende Tochter belästigt werden könnte. So fährt er sie und seinen Enkel in ihrem Wagen zur moldawischen Grenze; er wird schon irgendwie zurückkommen.

An der Grenze trifft Anastasiia auf flüchtende Freund:innen und Bekannte. Sechs Stunden stehen sie vor dem Grenzübergang in der Kälte. Die Menschenschlange ist so lang, dass sie den Grenzübergang nicht sehen können. Ukrainische Helfer:innen versorgen die Flüchtenden mit heißem Tee. Viele Frauen haben Kleinkinder dabei. Es fehlt an Babynahrung und Windeln. Anastasiia erzählt: »Wir hatten unglaubliches Glück. Kaum hatten wir die Grenze passiert, wurde hinter uns eine Brücke gesprengt. Die Flüchtenden hinter uns mussten zu anderen Grenzübergängen weiter.«

Die Ukraine lässt nur Frauen und Kinder ausreisen. Herzzerreißende Szenen, wenn sich Väter von ihren Frauen und Kindern verabschieden mussten und kaum Zeit für eine Umarmung blieb, haben sich Anastasiia eingeprägt. Es gibt Berichte von Männern, die den Fluss Dnister durchschwammen, um nicht bleiben zu müssen. Auch Seeleute der Reederei befürchten, eingezogen zu werden, und wollen nicht an Land gehen. Anastasiia sagt: »Bis zum Überfall durch Russland hatten wir angenommen, dass unsere Armee für unsere Verteidigung zuständig sei. Plötzlich drohte Freunden und Arbeitskollegen der Krieg. Ich habe Angst um viele.«

In Transnistrien, dem von Russland gestützten Gebiet zwischen der Ukraine und Moldawien, treffen die Flüchtenden auf russische Militärposten. Die Soldaten, die ihre Pässe kontrollieren, entschuldigen sich für den russischen Überfall und die Not, die dieser auslöst. »Niemand will in den Krieg ziehen. Die Russen bestimmt auch nicht. Auf jeden Fall glaube ich das.«

Anastasiia und David erreichen Moldawien, wo Flüchtende herzlich empfangen werden. In beheizten Zelten können sie sich aufwärmen, Tee trinken. »Wildfremde Menschen luden uns zu sich nach Hause ein, rückten zusammen, damit wir Platz zum Schlafen hatten. Ich weiß nicht, ob ich so selbstlos gewesen wäre.« Sie ist ihren Gastgebern unendlich dankbar, kann dies kaum ausdrücken, zu sehr ist sie mit sich selbst beschäftigt und dem, was in der Ukraine geschieht. Die Nachrichten aus dem Krieg lassen sie nicht los. Für ihren zehnjährigen Sohn versucht Anastasiia, die Flucht zum Abenteuer zu machen. Selbst fragt sie sich, ob sie Odessa mit seinem prächtigen Opernhaus, den Boulevards und der legendären Potemkinschen Treppe wiedersehen wird. »Wir in Odessa fühlen uns sehr unabhängig und frei. Wir sind bekannt für unseren Humor, unsere Weltoffenheit, wie das typisch ist für eine Hafenstadt. Odessa ist eine Kulturstadt. Da wird viel geboten an Musik, Literatur, Theater, aber auch in der Partyszene. Kiew dagegen halten wir für grau. Die Menschen aus Kiew kommen nach Odessa, um bei uns eine gute Zeit zu haben.«

Bekannte von Anastasiia treffen in Moldawien ein. Sie kennt sie von der Arbeit, vom Studium oder vom Ausgehen in Odessa. Zwanzig von ihnen wohnen dicht an dicht in einem einzigen Zimmer. Aber es geht, weil die äußere Bedrohung übermächtig ist, sie zusammenschweißt.

Russland erhöht den Druck auf die Ukraine. Panzer rücken vor. Der Krieg endet nicht. Anastasiia entschließt sich, zu einer ehemaligen ukrainischen Kommilitonin zu flüchten, die in Nizza mit einem Franzosen verheiratet ist. Sie fährt weiter nach Rumänien. Anfang März ist die Straße über die Karpaten schneebedeckt. Die Autokolonne schlängelt sich nachts, meist ohne Scheinwerferlicht um die Kurven. Die Wagen fahren im Schritttempo. Zum Glück hat Anastasiias Wagen Winterreifen. Serpentine reiht sich an Serpentine. Immer wieder bleibt die Kolonne stehen. Anastasiia und David sitzen im kalten Auto, lassen den Motor nicht laufen, um Benzin zu sparen. Für dreihundert Kilometer brauchen sie elf Stunden. Viele Frauen und Kinder reisen in Bussen. Manche sind zu Fuß unterwegs, tragen Koffer, Taschen, Haustiere mit. In den Autos drängt man sich zusammen. Als die Kolonne wieder einmal stillsteht, lernt Anastasiia eine allein flüchtende Ukrainerin mit Säugling kennen. Sie will die beiden mitnehmen. Die Frau muss nur schnell ihre Sachen holen. Ausgerechnet da fahren die Autos wieder los. Anastasiia kann nicht ausscheren. Es bedrückt sie, dass sie nicht Wort halten und die Frau und ihr Kind mitnehmen konnte. An der Grenze zu Ungarn heißt es wieder warten. Wieder sitzen sie im kalten Auto. Nach Stunden werden sie durchgewinkt.

Im Nachrichtenkanal entdeckt Anastasiia einen Post ihrer ehemaligen Professorin. Sie berichtet, dass sie mit ihrem über neunzigjährigen, gebrechlichen Vater, der kaum stehen könne, auf der Flucht sei. Die Professorin schreibt, dass sie nie gedacht hätte, wie mühselig und schwierig eine Flucht tatsächlich sei. Sie habe ständig kämpfen müssen, damit sie und ihr Vater, für den sie eine Kiste als Sitzgelegenheit besorgt hatte, ihren Platz in der Schlange vor dem Grenzübergang halten konnten und nicht weggedrängt wurden.

Nach der Fahrt durch Ungarn und Österreich erreicht Anastasiia Italien. David hat genug von den langen Stunden im Wagen, den wechselnden Unterkünften. Er vermisst seine Freunde, seine Schule, die Großeltern. Er hat längst verstanden, dass dies kein Ausflug ist, sie nicht wie in den Ferien in Hotels übernachten und sich das Essen selbst aussuchen können. David will nach Hause. Anastasiia erklärt ihm, dass auch seine Freunde geflüchtet seien, dass das Leben, wie er es gekannt habe, nie wieder so sein werde. David weigert sich, das zu glauben.

Dann klappt es nicht mit der Unterkunft bei der Freundin in Nizza. Anastasiia erinnert sich an eine Bekannte in Zürich. Sie fahren in den Norden. In Zürich angekommen, findet sie die Straße auf Anhieb und klingelt einfach an der Wohnungstür. Sie werden mit offenen Armen empfangen. Am nächsten Tag entscheidet der Bundesrat, dass Geflüchtete aus der Ukraine den Status S erhalten und in der Schweiz aufgenommen werden. Anastasiia meldet sich auf der Migrationsbehörde und beantragt den Schutzstatus für sich und ihren Sohn. Es ist der 11. März 2022.

Anastasiia und David bekommen ein Zimmer in einem Hotel, das zur Flüchtlingsunterkunft umfunktioniert wurde. Im Nebenhaus kann David an einem Malunterricht teilnehmen, der für ukrainische Kinder angeboten wird, um sie zu beschäftigen und ein wenig abzulenken. Anastasiia macht sich auf Arbeitsuche und bekommt eine Stelle als Aufsicht in der Galerie Hauser und Wirth. Sie hält Kontakt zu ihren ehemaligen Arbeitskolleg:innen und den Seeleuten der Reederei. Sie sorgt sich um deren Wohlergehen, vor allem, wenn sich jemand längere Zeit nicht im Chat meldet. Die Männer auf See haben Angst um ihre Angehörigen. Besonders für die Seeleute aus der unter Dauerbeschuss stehenden Hafenstadt Mariupol ist die Situation unerträglich. Einer von ihnen habe einen Herzinfarkt erlitten, weil er so verzweifelt war, erfährt Anastasiia.

Dass Menschen aus dem zerstörten Mariupol nach Russland evakuiert werden, erschreckt sie. Sicher, Hauptsache sei, sie seien am Leben. Aber was passiert in Russland mit ihnen?

Anastasiia bekommt schließlich eine eigene Wohnung zugewiesen. Die Städterin aus Odessa zieht mit ihrem Sohn aufs Land und ist überwältigt von der Großzügigkeit der Menschen. Sie versucht, die Nachrichten aus der Ukraine weniger häufig zu lesen. Sonst schläft sie schlecht, und ihr zittern die Hände. Sie weiß auch, dass sie nicht alles glauben kann, was sie liest. Sie hält die Lage für undurchschaubar, weil aus Propagandazwecken wohl keine Seite genau sagt, wie es ist. Den Bombenalarm hat sie stumm geschaltet. Über Pushnachrichten ist sie trotzdem informiert. Zu weit in die Zukunft blickt sie nicht. Nur eines weiß sie sicher: »Ich würde alles geben, um meinen Sohn, meinen Vater, meinen Bruder davor zu bewahren, in den Krieg ziehen zu müssen.«

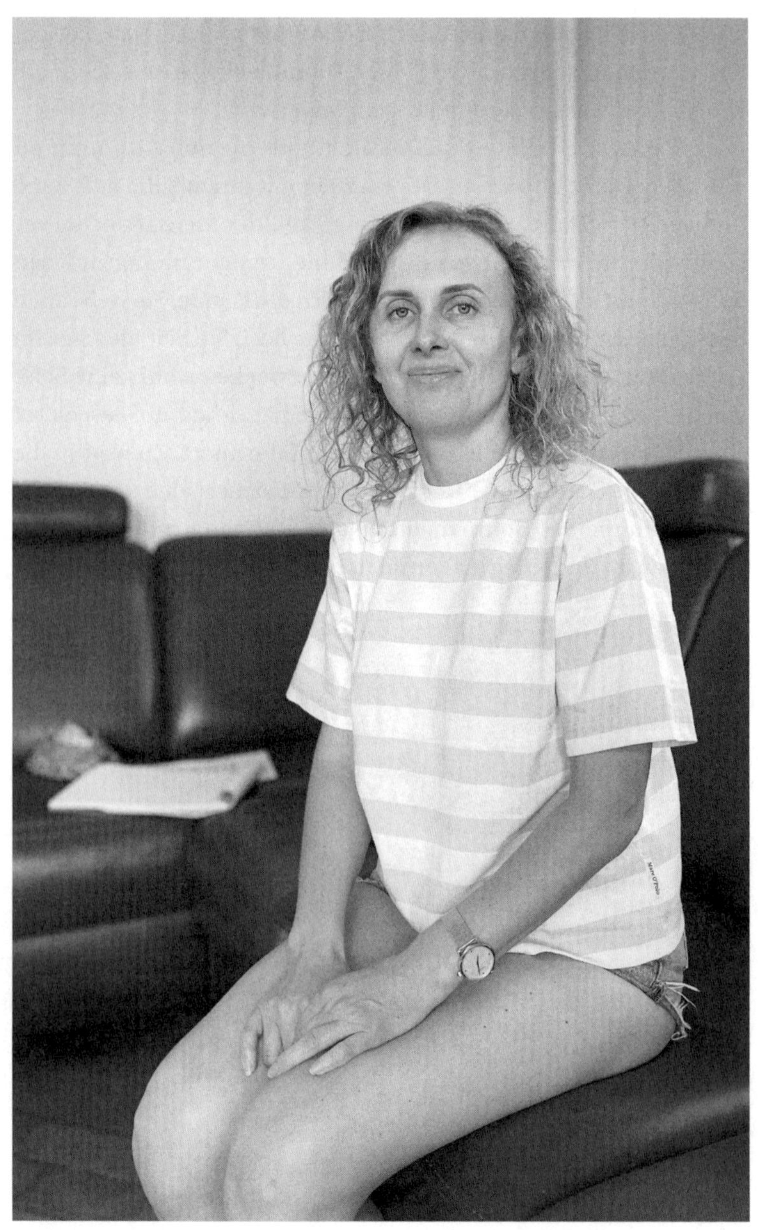

Olena, Regensdorf bei Zürich, 2022

Olena, Ukraine

Sie hilft immer

Olena ist eine Macherin, Pragmatikerin, Kämpferin aus Sumy, einer Stadt im Osten der Ukraine, fünfzig Kilometer von der russischen Grenze entfernt. Sie stellt Kaffee um Kaffee vor mich hin, während wir sprechen.

Die gelernte Konditorin hat als Köchin und Wohnungsmaklerin gearbeitet und schließlich ein eigenes Lebensmittelgeschäft betrieben. Nebenher hat sie ihren Sohn aufgezogen. Dessen Vater habe sich aus dem Staub gemacht und ihr auch seine Tochter aus erster Ehe überlassen. Sie verdreht die Augen.

Als der Krieg kommt, bietet sie sofort ihre Hilfe an. »Wir haben funktioniert, als ob wir das trainiert hätten. Zum Beispiel haben wir leere Flaschen gesammelt, damit Molotowcocktails fabriziert werden konnten. Dafür wurden auch Flaschen ausgeleert, egal, was darin war; Whisky und Wodka wurden einfach weggekippt.«

Olena kocht für die ukrainischen Streitkräfte. Sie besorgt und verteilt Medikamente, weil die Apotheke in der Nähe ausgebombt ist. Olena hofft, dass der Krieg nicht so schlimm werde, dass nach ein paar Tagen wieder Ruhe einkehre und das Leben weitergehe. Sie denkt nicht an Flucht. Sie hilft, wo sie kann. »Wir wurden von vielem überrascht. Von der Brutalität und der Gewalt der Russen. Aber auch von Wolodimir Selenski, der geblieben ist. Das hätten wir nicht erwartet. Putin vermutlich auch nicht. Das war ein entscheidender Moment für die Ukraine«, sagt Olena, die denselben Vornamen wie die Frau des Präsidenten trägt.

Sumy wird immer heftiger umkämpft und schließlich von russischen Truppen eingekesselt. Am 8. März 2022 werden unmittelbar bei Olenas Wohnung drei Häuser von Raketen zerstört. Die Bewohner:innen sterben in den Trümmern. Olena ist tief erschrocken – so nah ist der Krieg. »Ich hatte Angst, dass mein Sohn unter russischer Herrschaft würde leben müssen. Wir hatten doch erst vor kurzem erfahren, dass wir uns äußern und auch einmal Witze über unsere Regierung machen durften.« Die Lage verschärft sich. Viele Menschen verzweifeln. Olena hört von Geflüchteten, die in ihren Autos erschossen wurden, als sie versuchten, die russische Einkesselung zu durchbrechen.

Dann heißt es, dass es einen Fluchtkorridor aus der umzingelten Stadt geben werde. Olenas Cousin beschwört sie, sich und die Kinder in Sicherheit zu bringen. Auch die Kinder wollen weg vom Krieg. Immer wieder müssen sie aus der Wohnung in den Luftschutzkeller rennen. Einmal stand das Essen fertig auf dem Tisch, als der Bombenalarm aufheulte.

Olena packt einen kleinen Koffer und eilt mit Sohn und überlassener Tochter zum Platz, wo die Busse abfahren. Ihr Cousin hat zwei Plätze in einem Minibus für sie ergattert. Doch sie steht mit zwei Kindern vor dem Fahrer. Der schüttelt den Kopf. Olena schmeichelt, beschwört, verhandelt. Die Kinder dürfen einsteigen. Ihre Freundin aus Kiew ruft an und bittet sie, ihren kranken Vater mitzunehmen. Olena findet den alten Mann in der Menschenmenge auf dem Platz, und wieder beschwört sie den Busfahrer. Zwei Frauen mit ihren kleinen Töchtern kommen dazu. Olena kann sie unmöglich stehenlassen. Sie wirbelt über den Platz, schleppt die Frauen von Bus zu Bus, fragt, bettelt, findet schließlich Mitfahrgelegenheiten. Ihre Kinder warten währenddessen voller Angst im Minibus auf ihre Rückkehr. Der Fahrer ist ungeduldig, droht loszufahren. Noch eine verzweifelte Mutter mit ihrem Säugling taucht auf. Olena verhilft auch ihr in den Minibus. Der Fahrer rauft sich die Haare.

Dann fährt der Minibus los, gedrängt voll. Olena sitzt im Mittelgang auf einer Tasche. Auf dem Platz war es eiskalt. Sie ist durchgefroren, spürt die Erschöpfung. Der Minibus reiht sich ein in die Kolonne von Fahrzeugen, die tatsächlich durch den Fluchtkorridor fahren darf. Die Spitze macht ein Wagen des Internationalen Komitees vom Roten Kreuz. Immer wieder sehen sie Leichen am Straßenrand liegen. Olena hofft nur, dass die Kinder es nicht mitbekommen. Die Busse erreichen einen Bahnhof. Olena hilft einer alten Frau, die sich schwer über ihren Rollator beugt. Für das Gerät ist im überfüllten Zug kein Platz. Olena macht der alten Frau Mut, verspricht ihr, dass sie in Polen einen neuen Rollator finden werden. Die Züge stehen stundenlang verdunkelt auf offener Strecke, wenn russische Flieger in der Luft sind. Dann läuft auch die Heizung nicht. Es ist bitterkalt. Mütter essen kaum von den ausgeteilten Rationen. Sie bewahren das Essen für ihre Kinder auf. Normalerweise dauert die Fahrt nach Lwiw im Westen der Ukraine zwölf Stunden. Wer weiß, wie lange sie unterwegs sein werden. Der Zug ist voller Kinder, aber auch Hunde und Katzen fahren mit. Große Koffer mussten am Bahnsteig zurückgelassen werden.

Nach Lwiw fahren sie Richtung Polen, erreichen die Grenze. Sie überqueren sie zu Fuß. Sie werden willkommen geheißen von einer Hilfsbereitschaft, die sie sprachlos macht. »Da war eine polnische Krankenschwester, die für die alte Frau tatsächlich einen Rollator herbeizauberte.« Olena kommt mit ihrem Sohn in der Schweiz an; die Tochter aus der ersten Ehe ihres Mannes kann zu ihrer Mutter in Deutschland weiterreisen. Nach der Registrierung zieht Olena mit ihrem Sohn bei einer Gastfamilie ein.

Sie sagt, ihr kämen oft die Tränen. Sie versuche, sich zusammenzureißen, um nicht undankbar zu erscheinen.

Ludmila vor der Rückkehr nach Odessa, Schweiz, 2022

Ludmila, Ukraine

Unsere Zukunft ist vorbei. Unsere Kinder sind geflüchtet.

Während ich das niederschreibe, reist Ludmila nach Odessa zurück. Gestern wollte sie noch Bern besuchen, wo die Bären leben, die der russische Expräsident Medwedew dem Bärengraben schenkte.

Ludmila ist 1960 in Odessa geboren und hat später dort am Hydrometeorologischen Institut studiert. Heute gehört das Institut zur Staatlichen Umweltuniversität von Odessa; damals war es eines von nur zwei gleichartigen Instituten in der Sowjetunion. Als Ludmila dort studierte, hatte sie einen sowjetischen Pass. Sie sah sich als Ukrainerin, aber auch als Sowjetbürgerin. Ludmila wählte Selenski, weil sie überzeugt ist, dass er etwas gegen die Korruption unternehmen wird. Sie hat viele russische Verwandte und Freund:innen. Die beiden ukrainischen Brüder ihres Mannes leben in St. Petersburg und Moskau. Im vergangenen Herbst sprachen sie über eine mögliche Invasion Russlands und fragten sich, ob auch Odessa ein Ziel werden könne. Zu wichtig ist der Schwarzmeerhafen für die Verschiffung von ukrainischem wie russischem Weizen und anderen Lebensmittelrohstoffen. Trotzdem hätten sie nicht gedacht, was am 24. Februar 2022 Wirklichkeit wurde. Ludmilas Schwägerin rief noch am selben Vormittag an und entschuldigte sich unter Tränen für den Überfall Russlands. Sie waren sich einig: Das ist nicht unser Krieg.

Ludmilas Tochter ist in die Schweiz geflüchtet. Dort hat sie sie besucht. Zwei Wochen lang und in ständiger Sorge um ihren Mann, der die Wohnung in Odessa um keinen Preis verlassen will. Hier gehöre er hin, hier wolle er bleiben, zumindest solange die Wohnung vom Krieg nicht zerstört sei. So denken viele Freunde und Bekannte.

Nach dem Studium arbeitete Ludmila in der Flugsicherung und wertete hydrometeorologische Daten aus, die Auswirkungen auf die Flugbahnen von Langstreckenraketen haben. Ludmila hat mehrfach auf russischen Messstationen »mitten im Meer« gearbeitet. Genauer wird sie nicht; ihre Arbeit habe einer gewissen Geheimhaltung unterlegen. Sie kennt Russland und glaubt nicht, dass Putin aufgeben werde. Und sie fürchtet, dass Europa das Interesse am Krieg verliere. Die Franzosen hatten einst in Odessa viel Einfluss. Herzog Richelieu, nicht zu verwechseln mit dem Kardinal, war ab 1803 Statthalter von Odessa und förderte die wirtschaftliche Entwicklung der Stadt.

Ludmila weiß von ihren Verwandten auf der Krim, dass nach der Annexion 2014 zum Rubel gewechselt wurde, das Leben aber weiterging. Die Russen hätten Straßen und Häuser renoviert. »Jetzt ist das anders. Jetzt lässt sich nicht einfach Währung und Flagge ändern. Dafür wurden viel zu viele getötet.«

Мы зависим от того, что наши дети получают помощь от совершенно незнакомых людей. Мне стыдно, я так благодарна этим людям.

(Russisch)

Wir sind darauf angewiesen, dass unsere Kinder Hilfe von Wildfremden bekommen. Das beschämt mich, so dankbar bin ich diesen Menschen.

Ludmila

Yevgenia, Zürich, 2022

Yevgenia, Ukraine

Präsident Selenski ist unser Held

Yevgenia wohnt mit anderen Frauen und Kindern, die aus der Ukraine geflüchtet sind, in einer alten Villa, welche die Schweizer Gemeinde zur Verfügung stellt. Die Einrichtung ist spartanisch, die Stimmung angespannt wegen der Nachrichten aus der Ukraine.

Yevgenia und ihr Mann Andrij sind in den Winterferien im Westen der Ukraine und liegen noch in den Federn. Es ist der Morgen der Abreise zurück in den Osten, als Yevgenias Mutter anruft. Sie berichtet vom Überfall Russlands. Nun ist es also passiert, denkt Yevgenia. Erwartet hatten sie den Krieg schon lange. Der massive russische Truppenaufmarsch konnte nichts anderes bedeuten. Überraschend ist aber, dass die russischen Streitkräfte nicht nur im Osten einmarschiert sind, sondern Ziele im ganzen Land getroffen werden.

Yevgenia und Andrij trauen sich nicht, in ihre Heimatstadt Saporischschja zurückzukehren, sondern entscheiden sich, nach Lwiw ganz im Westen zu reisen. Sie packen das Nötigste, lassen die großen Koffer im Hotel zurück. Auf der Straße finden sie kein Taxi. Sie gehen die zwanzig Kilometer zum Bahnhof zu Fuß, tragen abwechselnd ihren kleinen Sohn Miron. Sie müssen rennen, um den Zug nach Lwiw nicht zu verpassen. Auf der Straße herrscht Aufregung. Niemand weiß an diesem ersten Morgen des Krieges, was genau vorgefallen, wie der russische Angriff zu verstehen ist. Was wird weiter passieren? Und wie werden die ukrainischen Streitkräfte und Präsident Selenski reagieren?

Erschöpft sitzt das Paar mit seinem Sohn im Zugabteil. Auf der Fahrt überlegen sie die nächsten Schritte. Die Nachrichtenkanäle sind voll mit Berichten von russischen Angriffen im ganzen Land. Yevgenia und Andrij wollen nach Polen fliehen. Am Busbahnhof in Lwiw sind unzählige Menschen gestrandet. Sie finden Platz in einem Bus, der zur polnischen Grenze fährt. Der Verkehr ist stockend; immer wieder bleibt der Bus stehen. Plötzlich halten ihn ukrainische Soldaten an. Sie heißen alle Männer auszusteigen. Ab sofort gilt, dass sich Männer für die Landesverteidigung bereithalten müssen und nicht mehr ausreisen können. Yevgenia ist entsetzt. Sie will mit ihrem Mann in der Ukraine bleiben; sie sind doch eine Familie. Ihr laufen die Tränen übers Gesicht. Andrij beruhigt sie. Der IT-Fachmann, der die militärische Grundausbildung wegen eines Herzleidens nicht absolvieren konnte, will für sein Land kämpfen. Die Armee sei eine Sache, der Krieg eine andere. Das sei jetzt die neue Realität, meint er zu seiner Frau und küsst sie und den schlafenden Sohn zum Abschied.

In der Schweiz zeichnet der Dreijährige den Krieg. Yevgenia meint, dass Miron keine Bilder der Zerstörung gesehen habe, aber er habe sie darüber sprechen hören. Nun schickt sie ihn aus dem Zimmer, wenn sie mit den anderen Frauen in der alten Villa Neuigkeiten austauscht.

Andrij ist nach Lwiw zurückgekehrt, der ukrainischsten Stadt, sagt man, und arbeitet als Informatiker. Er hat den ukrainischen Streitkräften seine Dienste als IT-Spezialist angeboten, wurde aber höflich abgelehnt. Andrij spendet seinen Verdienst an Bedürftige. Er kauft Medikamente, Lebensmittel und sorgt für seine Schwiegereltern, die samt Großmutter aus dem Osten zu ihm geflüchtet sind. Erst waren sie zu Verwandten aufs Land geflohen, in der Annahme, die russische Armee würde nur die größeren Städte bombardieren. Der brutale Angriff auf die Kleinstadt Butscha mit den zivilen Opfern hat sie aufgeschreckt. Außerdem fürchteten sie sich vor den Folgen eines möglichen russischen Angriffs auf Europas größtes Atomkraftwerk, das südlich von Saporischschja liegt.

Yevgenia nimmt in der Schweiz am Deutschunterricht teil. Sie hat im Gymnasium Deutsch gelernt. Nicht ganz freiwillig, wie sie sagt. Die Klasse des Englischlehrers sei voll gewesen; niemand wollte Deutsch lernen. So bestand die Deutschklasse nur aus drei Schüler:innen. Yevgenia hat studiert und einen Magister in Finanzwesen. Sie arbeitete als Buchhalterin für ein Stahlwerk.

Nachrichten aus der Ukraine verfolgt sie pausenlos. In einer Videobotschaft beschwört Präsident Selenski den Tag, an dem die Ukraine befreit sein werde. Yevgenia sagt: »Ich hoffe, dass er weiß, dass wir das auch wollen und dass wir hinter ihm stehen.« Andrij kann jeden Tag an die Front gerufen werden. Yevgenia betet, dass es nicht so weit kommt.

Vicky, Zürich, 2022

Vicky, Ukraine

Sie weint nicht, wenn sie andere tröstet

Am 22. Februar 2022 feierte sie ihren 34. Geburtstag. Zwei Tage später beginnt der Krieg in ihrem Heimatland. Wir sitzen auf einer Parkbank, und Vicky erzählt.

Vicky schreckt aus dem Schlaf auf und ist verärgert. Draußen lässt tatsächlich jemand Feuerwerkskörper steigen. Der Widerschein flackert hell am Himmel. Sie will bei der Polizei anrufen, um die Ruhestörung anzuzeigen. Das ist eigentlich nicht ihre Art, aber das Feuerwerk lässt die Fensterscheiben erzittern.

Vicky wohnt auf der linken Seite von Kiew, östlich des Dnjepr. Sie schreibt ihrer Freundin Kate, die fünfundzwanzig Kilometer entfernt auf der rechten, westlichen Seite von Kiew wohnt. Auch sie hört das Feuerwerk. Dann erhält Vicky auf ihrem Mobiltelefon die Nachricht, Putin spreche über eine Sonderaktion in der Ukraine. Er überfällt uns also doch, denkt sie. »Mein Gefühl sagte mir, dass ich sofort flüchten muss.« Tagelang hat sie das Szenario eines russischen Einmarsches in Gedanken durchgespielt und sich entschieden zu fliehen, sollte Putin es tatsächlich wagen.

Sie ruft Kate an. Am Vorabend hatte sie ihr geholfen, ihre neuen Fertigmöbel zusammenzubauen und Vorhänge aufzuhängen. Kate will nichts von Flucht wissen, jetzt, wo es in der Wohnung gerade so schön ist. Außerdem hat ihr Mann, ein Ukrainer, auch den amerikanischen Pass. Ihnen wird schon nichts passieren. Vicky insistiert. Die Panzer rollen auf Kiew zu. Die Freundin glaubt das nicht. Das werde nicht so schlimm. Außerdem müsste sie auf einer Flucht auch die Schwiegereltern und ihre Großeltern mitnehmen. Sie wären zu sechst. Und dann kämen auch noch die drei Hunde dazu und der Chinchilla in seinem Käfig. Sie rät Vicky durchzuatmen. Sie gehe wieder ins Bett.

Vicky ruft Julia an, eine andere Freundin, die als Discjockey arbeitet und sich in Kiew einen Namen gemacht hat. Mit ihr hat sie schon über eine mögliche Flucht gesprochen. Es sei so weit, sagt sie zu ihr. »Komm, wir müssen fliehen!« Auch Julia hält Vickys Aufregung für übertrieben.

Schließlich weckt Vicky die Eltern und die Schwester. Die Familie berät. Sie hören, wie Raketen über sie hinwegfliegen und einschlagen. Die Mutter möchte fliehen, der Vater will in der Wohnung bleiben und aufpassen. Die Schwester wird zu ihrem Verlobten fahren, der nordöstlich von Kiew in einem Vorort wohnt. Vater und Schwester lassen sich nicht umstimmen.

Vicky und ihre Mutter packen in aller Eile. Es ist kurz nach fünf Uhr. Immer wieder erzittern die Fensterscheiben. Sie werfen die Kleidungsstücke auf die Betten. Was nehmen sie mit, was nicht? Vicky will den Russen keinesfalls ihren neuen Fön überlassen. »Wir haben gelacht, weil wir auch Parfüm einpackten. Frauen auf der Flucht mit Parfüm. Wie unwirklich sich das anfühlte.«

Um halb sieben sind Vicky und ihre Mutter bereit. Um in den Westen zu kommen, müssen sie den Dnjepr überqueren, der in Kiew von verschiedenen Brücken überspannt wird.

Auf der Straße fahren keine Taxis wie sonst. Warum hat sie den Führerschein nicht gemacht, ärgert sich Vicky. Erstaunlicherweise funktioniert an diesem Morgen der öffentliche Verkehr, unberührt vom Einmarsch der Russen. Menschen gehen wie gewohnt zur Arbeit. »Viele ignorierten den Krieg, obwohl Bomben fielen und man über der Stadt Rauchsäulen sah.« Die beiden Frauen wollen zum Passagierbahnhof und nehmen den Bus, der an diesem Morgen nur langsam über die Brücke fährt. Über ihnen sehen sie Kampfflugzeuge, wissen nicht, ob es Russen sind oder Flieger der eigenen Luftwaffe. Sie vermuten, dass es Ukrainer sind, denn auf dem rechten Ufer des Dnjepr, im westlichen Teil der Stadt, liegen der Präsidentenpalast und das Regierungsviertel, die wohl beschützt werden.

Der Passagierbahnhof ist von ukrainischen Soldaten umstellt. Sie markieren rauchend Gelassenheit. Es heißt, dass nur Züge Richtung Osten fahren. Vicky ruft verzweifelt Julia an. Inzwischen ist sie bereit zu fliehen. Sie hole sie am Bahnhof ab, packe nur noch rasch den von der Großmutter geerbten Schmuck und ein paar Kleider ein.

Endlos langsam verstreichen die Minuten. Vicky und ihre Mutter befürchten, dass der Bahnhof von den Russen bombardiert werden könne, um die Ukrainer:innen am Flüchten zu hindern. Endlich trifft Julia ein. Der Kofferraum ihres Wagens klemmt. Sie müssen das Gepäck auf dem Rücksitz verstauen. Vickys Mutter quetscht sich daneben. Dann brauchen sie Benzin. Treibstoff ist überall ausverkauft. Nach drei Stunden dirigiert Vicky ihre Freundin Julia schließlich in ein Wohnquartier, wo es tatsächlich eine Tankstelle gibt, die noch Benzin verkauft.

Vicky hat an der Kiewer Universität Philologie und Management studiert und in verschiedenen Wirtschaftsunternehmen und in der Touristenbranche gearbeitet. Sie ist es gewohnt zu planen, zu entscheiden. Das habe ihr bei der Flucht geholfen. »Ich hatte einen Fluchtplan, war im Arbeitsmodus.«

Sie vermutet, dass die meisten Flüchtenden die südliche Route durch Moldawien wählen. Also nehmen sie die Autobahn nach Norden, nach Polen. Es ist viel Verkehr. Sie fahren in Kolonne, kommen kaum vorwärts. Über ihnen kreisen Kampfflugzeuge. Wieder wissen sie nicht, ob es Russen sind. Die Menschen sitzen in ihren Autos und starren gebannt zum Himmel. Offenbar sind es ukrainische Flieger. Neben der Autobahn sehen sie Menschen im Garten arbeiten, als ob nichts wäre.

»Um vier Uhr nachmittags wurde bekanntgegeben, dass keine wehrfähigen Männer die Ukraine mehr verlassen durften.« Ab da kontrollieren ukrainische Wachposten die Fahrzeuge und befehlen den Männern auszusteigen. »Für mich war überraschend, wie vorbereitet und organisiert unsere Regierung schien. Ein Zeichen, dass man offenbar doch wusste, dass die Russen angreifen würden, obwohl Präsident Selenski die Kriegsgefahr bestritt.«

Julia fährt die ganze Nacht durch. Anhalten, kurzes Stück fahren, anhalten. Ihr tun die Beine weh. Im Morgengrauen erreichen sie die Grenze zu Polen. Vor dem Grenzübergang wird es hektisch. Flüchtende versuchen sich gegenseitig abzudrängen. Eine Frau klopft ans Wagenfenster, sucht eine Mitfahrgelegenheit. Sie hat ihre siebenjährige Tochter dabei. Ihr Mann hat sie bis zur Grenze gefahren, musste dann umkehren. Hinter der Grenze werde sie von Verwandten erwartet. Die Frau und ihre Tochter quetschen sich irgendwie auch noch ins Auto. An der Grenze werden sie nicht nach ihren Pässen, sondern nach dem Versicherungsnachweis fürs Auto gefragt. Natürlich hat ihn Julia bei ihren Fluchtvorbereitungen vergessen. Der Grenzwärter ist unerbittlich. Julia muss aussteigen und eine Versicherung abschließen. Vicky vermutet reine Geschäftemacherei dahinter.

Vickys Vater ruft an. Das Elektrizitätswerk in der Nähe der Wohnung sei bombardiert worden. Er wolle trotzdem weiterhin die Wohnung bewachen. In den Schutzraum gehe er nicht. Er befürchte, dass Diebe eindringen könnten, wenn er nicht aufpasse. Später wird Bombenalarm über die App der Kiewer Verkehrsbetriebe verbreitet werden. Ein roter Punkt zeigt an, wenn russische Flieger im Luftraum sind oder Bombenangriffe drohen. Erscheint ein grüner Punkt, gilt die Gefahr als vorläufig gebannt. Phase Rot kann stundenlang dauern. Während dieser Zeit fahren keine U-Bahnen.

Hinter der Grenze werden sie willkommen geheißen und versorgt. »Das waren polnische Privatleute, die geholfen haben, keine

Vertreter offizieller Stellen.« Die Pol:innen stehen mit heißem Tee und Decken bereit, bieten Unterkünfte, Babynahrung und vieles mehr an. Die Frau und ihre Tochter steigen aus.

Schon kurz nach ihrer Ankunft treffen die drei Frauen auf Schweizer Freiwillige, die mit ihrem Camper nach Polen gereist sind, um Ukrainer:innen abzuholen. Vicky und ihre Mutter Olga beschließen, mit ihnen in die Schweiz zu fahren. Julia möchte nach Berlin, weil sie hofft, dort in der Clubszene Arbeit zu finden. Die Frauen trennen sich.

In Zürich überlegt Vicky, ob sie Asyl beantragen soll, entscheidet sich aber dagegen, weil sie befürchtet, ihren Pass abgeben zu müssen. Auf jeden Fall lässt sie sich als geflüchtet registrieren. Sie ist am Abend des 8. März 2022 die letzte Person. Am nächsten Morgen bringt sie ihre Mutter zur Registrierung aufs kantonale Sozialamt. Der Andrang ist riesig. Vicky bietet spontan ihre Hilfe als Übersetzerin an. Ihre Unterstützung ist sehr willkommen. Vicky beginnt sofort. »Nach noch nicht mal zwei Wochen auf der Flucht hatte ich einen Job«, strahlt sie.

Täglich melden sich bis zu vierhundert Menschen auf der Registrierstelle. Vicky arbeitet zehn, zwölf Stunden am Tag. Einmal hätten Politiker:innen Sandwiches vorbeigebracht. Vicky arbeitet am Empfang und dirigiert die Flüchtenden zu den zuständigen Kolleg:innen. Es geht um Nothilfe, wie Wohnen, Essen, Gesundheit, Information. Nach den ersten Wochen treffen geflüchtete Frauen ein, die an psychischen Problemen leiden. Vicky sagt: »Wenn mir eine Frau weinend ihre schreckliche Geschichte erzählt, bleibe ich sachlich. Auch wenn es mich innerlich fast zerreißt. Ich will ihr Sicherheit und Zuversicht vermitteln.«

Das Gefühl, ein weltweit beachteter Staat zu sein, hätten die Ukrainer:innen noch nie erlebt. »Für mich ist das, was sich gerade in der Ukraine abspielt, die Geburt einer Nation«, sagt Vicky, auch wenn es zwei Sprachen gebe und manche jetzt nur noch ukrainisch sprechen wollten, obwohl ihre Muttersprache Russisch sei. Ob der

Präsident seinen Job gut mache, lässt sie offen. Vielleicht hätte er, seit er 2019 gewählt wurde, den versprochenen Kampf gegen Korruption und Oligarchen zügiger angehen können. In der Comedy-Serie *Diener des Volkes* gibt es eine Szene, in welcher der Präsident, gespielt von Wolodimir Selenski, uneinsichtige Parlamentarier niederschießt. »Diese Szene hat in meinem Bekanntenkreis vielen gefallen. Wir verknüpften damit unsere Hoffnung, dass er aufräumen werde. Natürlich mit anderen Mitteln.«

Yioula Koutsoumpou, Sozialarbeiterin, Lesbos, Griechenland

Flüchtende, die aus Weggeworfenem etwas machen

Panagoula Koutsoumpou, genannt Yioula, ist Spartanerin im doppelten Sinne. Sie kommt aus Sparta, und sie will bescheiden leben, nicht konsumieren. Außerdem ist sie eine unerschütterliche Optimistin. Dass sie auf Lesbos von Landsleuten angefeindet wird, erwähnt sie nur am Rande; sie hat dafür Verständnis.

Anfangs war Yioulas Workshop leer. Die geflüchteten Frauen und Männer, die ins Gemeinschaftszentrum Mosaik in Mytilini kommen, wollen Englisch oder, wenn es sein muss, Griechisch lernen. Sind diese Kurse besetzt, lassen sie sich überreden, bei Yioula »ein bisschen zu basteln«.

Yioula engagiert sich für Flüchtlinge und arbeitet bei der NGO Lesbos Solidarity in Mytilini. Sie leitet einen »Upcycling Workshop«. Sie möchte geflüchteten Menschen eine kreative Beschäftigung im langweiligen Flüchtlingsalltag bieten und mit einer Art Kunsttherapie beim Abbau von Belastung und Traumata helfen. Außerdem will sie mit ihrem Workshop das Bewusstsein für einen nachhaltigen Umgang mit Ressourcen fördern. Yioula ist großzügig mit ihrer Herzlichkeit, aber nicht, wenn Materialien verschwendet werden.

Lesbos Solidarity ist eine privat finanzierte Hilfsorganisation, die sich auf der Insel für flüchtende Menschen einsetzt. Das Pikpa

Camp (vgl. S. 57 f.), die Wohnsiedlung für besonders verletzliche Flüchtlinge, gehörte dazu. Bis zu seiner Schließung durch die griechischen Behörden im Sommer 2021 fanden flüchtende Familien im Pikpa Camp Aufnahme und psychosoziale Betreuung. Eine weitere Initiative ist das Restaurant Nan in Mytilini, wo geflüchtete Frauen und Männer nach Rezepten aus ihrer Heimat kochen – ein beliebter Treffpunkt für Mitarbeiter:innen der Hilfswerke. Außerdem führt Lesbos Solidarity das Gemeinschaftszentrum Mosaik, wo psychosoziale Unterstützung angeboten wird, Sprach- und Computerkurse stattfinden und eine Schneiderei untergebracht ist. Dort arbeiten geflüchtete professionelle Schneider:innen und Näher:innen aus verschiedenen Ländern. Wiederverwenden, neu verarbeiten und flicken wird auch hier großgeschrieben. Aus den orangenen Schwimmwestenstoffen, aus Schlauchboothüllen und Stoffresten entstehen Taschen, Portemonnaies, Necessaires, die unter dem Namen »Safe Passage Bags« verkauft werden.

In Yioulas Workshop findet jedes Material Verwendung. Ganze Wandreliefs und Mosaike entstehen aus Scherben, den Buchstaben einer Computertastatur, leergeschriebenen Filzstiften, Feuerzeugen, Flaschendeckeln, dem Styropor aus den Schwimmwesten der Geflüchteten. Yioula sagt: »Nach einer nervenaufreibenden Überfahrt kann der Kontakt mit dem Gummimaterial der Schlauchboote die Angst zurückholen. Ich versuche in meinem Workshop, diese Energie in etwas Positives zu verwandeln und den Schrecken abzubauen. So haben wir beispielsweise Ohrringe aus dem Schlauchbootgummi hergestellt.« Anfangs seien die Geflüchteten skeptisch. Dass man aus Weggeworfenem Kunst machen könne, sei für viele neu. Neu sei auch, dass sich Männer im Workshop mit Frauendingen wie Zeichnen, Basteln, Schmuck herstellen beschäftigen.

»Ich hatte Männer im Workshop, die sich so auf ihre Arbeit konzentrierten, dass ihre Hände zu zittern aufhörten.« Besonders stolz sind die Teilnehmer:innen, wenn ihre Kreationen im Laden des

Gemeinschaftszentrums Mosaik verkauft werden. Viele haben ihre Werke zurückgelassen, als sie nach Europa weiterzogen, in ein neues Land, ein neues Leben. »Die schönen geflochtenen Ohrringe, von denen ein junger Flüchtling aus Sierra Leone eine ganze Reihe herstellte, gehen uns leider langsam aus. So ist das«, sagt Yioula. Wichtig sei für die geflüchteten Frauen und Männer die Erkenntnis, dass sie mit ihren Händen Dinge schaffen, auf die sie stolz sein konnten.

Zum Beispiel gestalteten Yioula und eine Gruppe Geflüchteter, kurz bevor Camp Pikpa geschlossen wurde, die Wände eines kleinen Schuppens auf dem Gelände. Die Motive aus Scherben kombiniert mit Malerei zeigen geflüchtete Menschen, die ihr Haus auf dem Rücken mittragen.

Die ehemalige Agronomiestudentin Yioula Koutsoumpou vom griechischen Peloponnes lebte lange in Mexiko und Guatemala. Sie wollte drei Monate als Freiwillige bei einem Hilfsprojekt mit Straßenkindern, Indigenen und Drogenabhängigen mitarbeiten und ist sieben Jahre in Guatemala geblieben. Sie brachte sich mit dem Straßenverkauf von selbstgebasteltem Schmuck über die Runden. Zurück in Griechenland, begann sie, sich für Flüchtlinge zu engagieren. Einfach war das nicht. Ein Graben läuft mitten durch die griechische Gesellschaft. Die einen sehen es als ihre Pflicht an, den geflüchteten Menschen zu helfen, die anderen verabscheuen ihre Landsleute dafür. Immer mal wird Yioula von Polizisten angehalten und gefragt, ob sie Flüchtlingen helfe. Aber wenn jemand auf der Insel Lesbos etwas zu entsorgen hat, ruft er Yioula an. Sie kann alles brauchen.

Seynab, Zürich, 2022

Seynab, Somalia

Früher Journalistin, heute Straßenmagazinverkäuferin

Als ich sie anspreche, sitzt sie im Windfang des Lebensmittelladens und verkauft das Straßenmagazin *Surprise*. Ihre Energie erfüllt den ganzen Raum. Dabei kauert sie auf einem Stühlchen, schmal, dünn, wache Augen, die so vieles schon gesehen haben, und darin dieses weite Lächeln. Seynab ist sofort einverstanden, mir ihre Geschichte zu erzählen. Das sei doch selbstverständlich unter Kolleginnen. Sie war Journalistin in Somalia. Wir treffen uns zwei Tage später in einem Café, zusammen mit der Übersetzerin.

Seynab stammt aus einer wohlhabenden Familie in Mogadischu, gehört zu einem renommierten Stadtclan. Sie ist Städterin durch und durch. Ihrem Vater gehört ein Hotel, und er handelt mit Autos aus Deutschland, Italien und Japan. Seynab ist die Tochter der ersten seiner drei Frauen. Ihre Mutter Halimo hat mehr zu sagen als die beiden späteren, was auch der Tochter mehr Status verleiht. Seynab hat neunzehn Geschwister. Sie studiert Journalismus, ist danach als Reporterin in Mogadischu tätig.

Am 3. Oktober 1993 ist Seynab mit einer Gruppe Journalisten unterwegs, um von Verhandlungen der Warlords zu berichten.

Kurz zum historischen Hintergrund: 1960 zog sich Italien als Kolonialmacht aus Somalia zurück. 1969 gelangte der ehemalige Offizier Siad Barre an die Macht und verwandelte das Land in eine Diktatur. Aus dem bewaffneten Widerstand gegen ihn entwickelte sich 1991 ein bis heute anhaltender Bürgerkrieg zwischen Warlords, Clans und verschiedenen Milizen wie der Al-Shabaab (»die Jugend«). Ab April 1992 sollte die Mission Unosom das Land befrieden und die Nahrungsversorgung der Not leidenden, hungernden Bevölkerung sicherstellen.

An diesem 3. Oktober 1993 wollen die an der Uno-Mission beteiligten US-Truppen und ihre Verbündeten den somalischen Warlord Mohammed Farah Aidid gefangen nehmen, der an einem geheimen Ort an Verhandlungen teilnehmen soll. Aidid wird jedoch gewarnt. Der Einsatz misslingt gründlich. Ein Black-Hawk-Hubschrauber der US-Einsatzkräfte wird abgeschossen, getötete US-Soldaten durch die Straßen von Mogadischu geschleift. Die Situation entwickelt sich zu einer blutigen Auseinandersetzung, in deren Verlauf achtzehn US-Soldaten und rund tausend Somalier:innen sterben. In der Folge ziehen die Amerikaner ihre Truppen ab. Der Film *Black Hawk Down* von Ridley Scott schildert die Ereignisse der Schlacht von Mogadischu, die in den USA noch lange nachhallen.

Bei dem Angriff wird Seynab von Bombensplittern am Arm und an der Hüfte getroffen. Ein Kollege wird vor ihren Augen zerfetzt. Seynab ist bewusstlos und liegt unter Toten. Als man sie findet, hält man sie für tot und wickelt sie in einen Teppich ein, um sie darin, gemäß muslimischer Tradition, am selben Tag zu bestatten. Viele Menschen sind am Unglücksort erschienen, um nach Angehörigen zu suchen, auch Seynabs Mutter. Bei einem zweiten Angriff wird sie dann verletzt. Die Amerikaner fürchten Menschenansammlungen und lösen sie sofort auf. Man verschiebt die Beerdigung auf den nächsten Morgen.

Irgendwann erwacht Seynab aus ihrer Ohnmacht, findet sich festgezurrt in einem Teppich wieder. Mit großer Anstrengung schafft sie es, auf sich aufmerksam zu machen. Es ist schon der nächste Tag. Dieses Erlebnis wirkt bis heute nach. Seynab hat Albträume, kann nur mit Schlafmitteln schlafen.

Seynab heiratet aus Liebe. Eine Seltenheit in Somalia. Sie und ihr Mann bekommen eine Tochter, später noch zwei Söhne. Dann stirbt ihr Mann. Über die Umstände spricht sie nicht. Wie in Somalia üblich, wird Seynab vor die Wahl gestellt, ihren Schwager zu heiraten oder ihre drei Kinder nie wiederzusehen. Das Gesetz des Levirats, der Schwagerehe, ist in vielen muslimischen Gesellschaften verbreitet. Die Kinder, die einer Ehe entstammen, gehören immer zur Familie des Mannes. Wenn sich die Frau mit einem anderen Mann, außerhalb der Familie verheiratet, verlässt sie ihre Kinder. Seynab entscheidet sich für ihre Kinder.

Das Leben in Mogadischu verändert sich drastisch. Die islamische Miliz Al-Shabaab gewinnt immer mehr an Einfluss. Bombenanschläge auf Märkte, Drohungen und Schutzgelderpressungen gegen einfache Bürger sind an der Tagesordnung. Im Jahr 2000 entschließt sich Seynabs Mann zur Flucht. Seynab ist zu dem Zeitpunkt im siebten Monat schwanger. Ihre älteste Tochter bleibt bei ihrer Großmutter Halimo, um ihr zu helfen. Vor Seynab, den beiden Söhnen und ihrem Mann liegt ein langer Weg, der über Äthiopien, Eritrea in den Sudan führen soll. Anfangs nutzen sie öffentliche Verkehrsmittel. Über die Grenzen reisen sie schwarz; sie haben keine Papiere.

Im Sudan plant Seynabs Mann die Flucht durch die sudanesische Wüste in Richtung Libyen. Weil er nicht viel Geld besitzt und jedes Kind den vollen Preis bezahlen muss, finden sie nur Platz auf einem Lastwagen, auf dem normalerweise Tiere transportiert werden. Die dreißig Flüchtenden fahren nachts. Seynab ist die einzige Schwangere. Es gibt keinen Platz zum Liegen. Die beiden Jungs kringeln sich am Boden unter den Eltern zusammen. Nach ein paar Tagen hält der Fahrer an und setzt die Gruppe aus. Er weist sie an, zu warten, bis es Nacht wird. Dann würden sie die Lichter der Stadt Dongola sehen. Dorthin sollen sie laufen.

Für die Hauptstadt Nordsudans sind Flüchtende eine Einnahmequelle. Jeder muss einen negativen Aids- und einen negativen Hepatitistest vorweisen, den es gegen Entgelt zu kaufen gibt. Für die Familie ist von Vorteil, dass Seynab fließend Arabisch spricht. Menschen in Dongola haben Erbarmen mit ihr in ihrem Zustand und geben ihr Essensreste.

Seynab vermisst Mogadischu. Sie besaßen ein Haus, hatten keine materiellen Sorgen. Aber Seynab macht sich auch klar, dass sie in Mogadischu in Angst und Schrecken lebten. »Wenn neben dir auf der Straße Menschen einfach umgebracht werden, dann weißt du, dass es morgen dich treffen kann, dann kannst du nur gehen.« Es half auch nicht, dass ihr Vater angesehen und reich ist. Das Hotel, das die Familie betrieb, wurde im Bürgerkrieg zur Bombenruine.

Einen Monat bleiben Seynab, ihr Mann und die beiden Söhne in Dongola. Sie wissen, dass im Grenzgebiet Tschad, Sudan und Libyen viele Menschen sterben und zögern, die nächste, gefährliche Fluchtetappe in Angriff zu nehmen. Außerdem macht Seynab die Schwangerschaft zu schaffen. Schließlich geht die Flucht weiter mit dem Ziel Libyen.

Die kleine Gruppe Flüchtender fährt in Dongola in einem Minibus los. Die Fahrt läuft anfangs gut. Plötzlich entdecken sie mitten in der Wüste mehrere kleine, sandverwehte Erhöhungen. Als sie näher heranfahren, wird klar, dass es menschliche Körper sind, die im Sand liegen. Sie zählen fünfundvierzig Leichen. Einige sind schon verwest, von Tieren angefressen. Die Gruppe sammelt die Pässe der Toten ein; sie sollen helfen, die Angehörigen zu informieren. Es kommen achtundzwanzig somalische Pässe und einige äthiopische und eritreische zusammen. Sie vermuten, dass die Menschen zu Fuß unterwegs waren und in der Wüste verhungert und verdurstet sind. Vielleicht ist ihr Bus in einer Sandmulde steckengeblieben, weil sie nicht wussten, dass sie für die Fahrt durch die Wüste Druck aus den Reifen nehmen müssen. Der Wind, der aus allen Richtungen blasen kann, hat ein Fahrzeug in kurzer Zeit im Sand begraben.

Haddaan garan lahaa baxsashadu waxay ka dhigan tahay, albaabka kama aan soo baxeen.

(Somali)

Wenn ich gewusst hätte, was Flucht bedeutet, hätte ich keinen Schritt vor die Tür gemacht.

Seynab

Die kleine Gruppe fährt schweigend weiter. Das Wetter verschlechtert sich; der Wind wird stärker. Immer mehr Sand wird aufgewirbelt und beeinträchtigt die Sicht. Die Spuren vorangefahrener Fahrzeuge, die die Schlepper durch die Wüste leiten, verwehen. Der Fahrer ist sichtlich nervös. Es gibt keine Internetverbindung. Die Essensvorräte sind ausgegangen. Dann gibt es auch kein Wasser mehr. Einige beginnen den eigenen Urin zu trinken. Seynab glaubt, dass sie in der Sahara umkommen werden. Irgendwann landen sie in der Republik Tschad. Zum Glück, wie Seynab sagt. Ein Mann wird auf den Minibus aufmerksam und nimmt die erschöpften Flüchtlinge mit zu seinem Haus, wo es einen Brunnen gibt. Nur dank ihm, ist Seynab überzeugt, haben sie und ihre Familie überlebt.

Nach einer Weile bringt der Fahrer die Gruppe an die libysche Grenze. In Libyen müssen sie sich den nächsten Schlepper suchen. Dabei ist Vorsicht angebracht; hier gebe es Banditen, die vorgeben, Schlepper zu sein, den Flüchtenden ihr Geld abnehmen und sie in der Wüste aussetzen, haben sie gehört. Nicht nur das Mittelmeer ist ein Friedhof der Flüchtlinge.

Die Gruppe hat sich verkleinert. Neben Seynab und ihrer Familie sind noch ein Ehepaar, zwei junge Leute aus Eritrea und ein Mann aus dem Irak dabei. Gemeinsam finden sie einen Schlepper. Er organisiert den Transport, ist verantwortlich für die Route. Unterwegs müssen Schmiergelder an Polizisten oder Grenzposten bezahlt werden. Werden sie gestoppt, legen sie das Geld zusammen, der Schlepper übergibt es und die Fahrt geht weiter. Bis nach Bengazi brauchen sie zehn Tage. Von dort reisen sie im Bus nach Tripolis.

Hier müssen sie um Essen betteln. Es sind Tausende flüchtende Menschen auf den Straßen. Seynab und ihre Familie treffen auf Verwandte, die ihnen weiterhelfen. Sie dürfen in einer Garage nächtigen.

Am ersten Mai 2000 kommt Seynabs dritter Sohn zur Welt. Sie entbindet in der Garage. Eine Frau, die ebenfalls auf der Flucht ist, hilft ihr. Kurze Zeit später findet Seynab Arbeit als Hausangestellte. Sie, ihr Mann und die drei Jungs dürfen im Keller des Hauses wohnen. Seynab arbeitet praktisch rund um die Uhr. Es gibt keine freien Tage, kein Gehalt. Sie leben von dem, was die Familie an Essen, das Seynab kochen muss, übrig lässt. Zum Glück hätten die Libyer immer viel zu viel gekocht, sagt sie. Die Arbeit ist hart. Die Frau schlägt Seynab regelmäßig und schimpft mit ihr wegen Kleinigkeiten. »Sie war eine Rassistin. Ich lebte wie eine Sklavin bei ihr. Sie hat mir ständig gedroht, die Polizei zu rufen und mich zu melden.« Eines Abends ist es so weit; ihr Mann hat das Geld für die nächste Fluchtetappe organisiert. Seynab geht unter einem Vorwand aus dem Haus. Ihre Familie ist schon vorgegangen. Die Flucht vor der brutalen Libyerin gelingt. Es ist August 2002. Sie sind seit fast zwei Jahren unterwegs.

Der alte Kahn, der in der Nähe von Tripolis nach Lampedusa ablegt, ist alles andere als vertrauenerweckend. Seynab drückt ihre drei kleinen Söhne voller Angst an sich. Auf dem Schiff gibt es nur wenig zu essen und kaum Wasser. Sie fahren tagelang, treiben immer häufiger ohne Motor. Eine Frau, mit der sich Seynab in Tripolis angefreundet hat, verdurstet. Man wirft sie ins Meer. Seynab ist verzweifelt. Mit der Zeit wird sie völlig apathisch und bekommt kaum mehr mit, was um sie herum vorgeht. Siebzehn Tage sind sie auf dem offenen Meer. Schließlich wird ihr Schiff von der italienischen Küstenwache aufgegriffen.

Seynab ist 1971 geboren. Sie profitierte von der Sprachenförderung während der Regierungszeit von Siad Barre. Sie spricht Somali, Arabisch, Italienisch und seit sie in der Schweiz lebt, Deutsch. Sie findet, sie habe Glück gehabt. Eigentlich habe sie schon viele Leben gelebt, sei mehrmals dem Tod entronnen. Ihr ältester Sohn ist bestens integriert in der Schweiz, fühlt sich wie sein auf der Flucht geborener Bruder als Schweizer. Der mittlere Sohn braucht mehr Zeit, seinen Platz im Leben zu finden. Ihre erstgeborene Tochter lebt heute in Schweden; auch sie ist geflüchtet. In der Schweiz hat Seynab noch zwei Töchter geboren; später hat sie sich von ihrem zweiten Mann scheiden lassen. Die jüngste ist geistig behindert. Seynab sagt kopfschüttelnd: »Und das bei all den Kontrollen, die ich hier in der Schweiz während der Schwangerschaft hatte.«

2003 kamen Seynab und ihre Familie in die Schweiz. Anfangs beziehen sie Sozialhilfe. Seynab lernt schnell Deutsch und findet Arbeit. Seit 2005 verkauft sie das Straßenmagazin *Surprise*; das ist ihre Haupteinnahmequelle. Daneben jobbt sie als Hilfe für betagte Menschen. Sie lebt gerne in ihrer Gemeinde, die sie 2020 eingebürgert hat.

Im Sommer 2022 kommen schlechte Nachrichten aus Mogadischu. Seynabs Mutter Halimo geht es schlecht. Sie war ein paar Jahre nach ihrer Tochter auch Opfer einer der blutigen Auseinandersetzungen der Bürgerkriegsparteien geworden. Durch eine Autobombe hatte sie einen Arm verloren, und mehrere Bombensplitter waren in ihr Bein eingedrungen; sie wurden nicht herausoperiert. Das Bein verheilte nie richtig und hatte sich nun stark entzündet. Seynab versucht, ihre Mutter in die Schweiz zu holen, aber die Bearbeitung des Antrags auf Einreisebewilligung dauert. Seynab gelingt es, dass ihre Mutter in Ankara behandelt werden kann. Dort, so hofft sie, könne das Bein gerettet werden. Sie fürchtet, dass man es ihrer Mutter in Mogadischu der Einfachheit halber abgenommen hätte. Als Ende August immer noch keine Einreisebewilligung vorliegt und die Behandlung nicht abgeschlossen ist, wird das Geld knapp. Seynabs Mutter kehrt in ein Krankenhaus nach Mogadischu zurück.

Kidane, Eritrea

Dem Nationaldienst entkommen

Wir sitzen am Tisch. Die Wohnung, zur Verfügung gestellt vom Sozialamt, liegt in einem modernen, zweckmäßigen Neubau. Kidane hat gekocht. Wir essen, sie erzählt. Der Übersetzer freut sich über das verlockend gewürzte Gemüsegericht aus seiner Heimat.

Kidane darf nicht studieren, weil ihre Schulnoten nicht gut genug sind. Sie wird zum berüchtigten, eritreischen Nationaldienst eingezogen. Der Dienst gilt als unmenschlich hart. Er umfasst die militärische Verteidigung des Landes und einen zivilen Dienst, der das nationale Zusammengehörigkeitsgefühl stärken soll. Zivilpersonen werden unter harten Bedingungen zum Bau von Häusern, Straßen und Brücken abgestellt. Die Arbeitstage sind lang, und es gibt kaum Freizeit. Die Dauer eines Einsatzes ist nicht geregelt. Man weiß auch nicht, ob man nicht noch einmal eingezogen werden könnte. Es herrscht Willkür, und vor allem Frauen leben in ständiger Gefahr vor sexuellen Übergriffen.

Als Kidane ein zweites Mal zum Nationaldienst eingezogen werden soll, kann ihr auch ihr Großvater nicht helfen, der zur angesehenen Familie Gebremichael gehört. Kidane versucht sich zu entziehen, indem sie heiratet. Sie ehelicht den Erstbesten. Verheiratete Frauen, so heißt es, müssten keinen Nationaldienst leisten. Doch es gibt keine genauen Regeln. So wird Kidane, obwohl verheiratet, zurück zum Dienst beordert. Sie ist zwanzig Jahre alt. Als ihr Vorgesetzter zu weit geht, hilft ihr eine Freundin, nachts unbemerkt zu entkommen.

Kidane schlägt sich allein zur nahen sudanesischen Grenze durch. In der Stadt Kassala beantragt sie Asyl und bekommt einen gelben Ausweis, der bedeutet, dass sie die Zone um Kassala nicht verlassen darf. Sie kann nicht weiter in die Hauptstadt Khartum, mit rund acht Millionen Einwohner:innen die fünftgrößte Agglomeration Afrikas und Drehscheibe der Flüchtlingsströme. Im Sudan landen Flüchtlinge aus Somalia, Äthiopien und Eritrea. Schlepperdienste sind ein lukrativer Geschäftszweig. Wer mehr Mittel hat, kommt schneller und sicherer weiter, für Ärmere sind die Fluchtetappen kürzer, beschwerlicher und gefährlicher.

Kidanes Ehemann folgt ihr in den Sudan, landet jedoch in dem riesigen Flüchtlingscamp Shagarab. Kidane und ihr Mann beschließen, die weitere Flucht getrennt zu versuchen. Er lässt sich im Flüchtlingscamp auf die Wartelisten für eine Aufnahme als Flüchtling in Australien oder Neuseeland setzen. Diese Länder evakuieren, so geht das Gerücht, direkt aus dem Sudan, und er hofft, dass er von einem dieser Länder Asyl erhalten werde. Das will er abwarten. Kidane erbittet sich Geld von ihren Eltern und bezahlt einen Schlepper, der sie illegal nach Khartum bringt.

Die eritreische Flüchtlingsgemeinschaft in Khartum hilft sich gegenseitig. Kidane findet eine Stelle in einem Café. Ein ganzes Jahr vergeht, bis sie ihre weitere Flucht planen kann. Sie ist ausschließlich an sicheren Fluchtvarianten interessiert. Der gefährliche Weg durch die libysche Wüste kommt für sie nicht infrage. Kidane knüpft Kontakte, sondiert Möglichkeiten. Dabei läuft sie ständig Gefahr, von der sudanesischen Polizei aufgegriffen zu werden. Die Polizisten wissen genau, dass die Eritreer:innen, die sich in Khartum aufhalten, Geld für die nächste Fluchtetappe zusammensparen. Unter einem Vorwand nehmen sie sie fest, und die Flüchtlinge können sich wieder freikaufen. So verdienen auch die Polizisten am Fluchtgeschäft mit. Kidane ist Christin. Im muslimischen Sudan muss sie sich verhüllen. Sie mag den Tschador nicht, weil sie darunter schwitzt und sich beengt fühlt, aber immerhin schützt er sie vor Polizisten, die es auf ihr Geld abgesehen haben.

Endlich erfährt Kidane von einer Möglichkeit, sicher und direkt nach Europa zu gelangen. Wieder erbittet sie sich Geld von ihrer Familie und bezahlt den Schlepper. Ihre Flucht kostet fünfzehntausend US-Dollar. Getarnt als frisch vermählte Ehefrau, wird Kidane auf einer angeblichen Hochzeitsreise nach Europa reisen. Europa gilt unter wohlhabenden Sudanesen als beliebtes Reiseziel. Kidane kommt tief verschleiert zum Flughafen in Khartum, trifft auf den Mann, der sich als ihr Ehemann ausgeben wird. Sie vermutet, dass es ein sudanesischer Geschäftsmann ist, der sich etwas dazuverdient. Er drückt Kidane einen Pass in die Hand. Das Bild zeigt eine verschleierte Frau. Darunter steht der muslimische Name Salma. Wohin der Flug geht und wer der Mann an ihrer Seite ist, erfährt Kidane nicht. Sie hat kein Handy dabei und keine anderen Papiere als den falschen Pass. Vor der Abreise hat sie mit wasser-

ንኽወጽእ ትብዓት ኣድለየኒ ።
ዕቑባ ዝረኸብኩላ ጓል እየ ነይረ ።

(Tigrinya)

Es brauchte Mut zu gehen.
Ich war eine behütete Tochter.

Kidane

festem Stift die Telefonnummern ihrer Eltern und Freunde auf die Innenseite ihres Kleides geschrieben. Acht Nummern sind es. Ihre einzige Verbindung nach Hause.

Nach der Landung, Kidane vermutet, dass es Frankfurt in Deutschland ist, passiert sie die Passkontrolle ohne Schwierigkeiten. Ihr angeblicher Ehemann nimmt den Pass wieder an sich, und sie trennen sich.

Wie verabredet, steht kurz darauf ein Schlepper neben ihr. Er fährt sie über die Schweizer Grenze. In Basel meldet sie sich bei den Migrationsbehörden und verbringt die nächste Zeit in Asylunterkünften und Aufnahmezentren. Kidanes Onkel, der bereits in der Schweiz lebt, hilft ihr weiter, auch mit der Scheidung von ihrem Mann. Was aus ihm geworden ist, weiß Kidane nicht. Sie lernt Deutsch und erhält 2011 Asyl. Kidane arbeitet im Gastgewerbe und lernt ihren heutigen Partner kennen. 2015 bekommen die beiden eine Tochter, 2021 einen Sohn.

Libanon

Nicht alle syrischen, durch den Krieg Vertriebenen können sich eine Flucht nach Europa leisten. Im Nachbarland Libanon leben Hunderttausende Flüchtlinge in Zeltlagern oder haben, wie in Beirut, Aufnahme in Stadtvierteln gefunden, die zuvor ausschließlich von palästinensischen Flüchtlingen bewohnt wurden. Im Sommer 2021 reise ich nach Libanon, um syrische und palästinensische Frauen zu treffen und sie nach ihrer Fluchtgeschichte zu fragen. Dabei entdecke ich eine Stadt, ein Land, das von erstaunlichen Gegensätzen im Zusammenleben geprägt ist.

Über die klappernden Platten auf der Straße durch den christlichen Stadtteil Gemmayze röhrt nachts ein Ferrari. Vorbei an stinkenden Mülltonnen, Obdachlosen, an Fassaden, die seit der Explosion im Hafen ohne Fensterscheiben sind, vorbei an frisch renovierten Vorzeigeobjekten. Die Bauten werden mit Geldern aus Frankreich und Deutschland hergerichtet, die sich um die Erhaltung des historischen Architekturerbes verdient machen. Überraschenderweise gehören die Liegenschaften aber nicht dem Staat, sondern Privatleuten. Abbruchobjekte stehen in Beirut hoch im Kurs. Je schlechter ihr Zustand, desto besser – dann sind die Sanierungskosten, die aus Europa überwiesen werden, umso höher. Wie viel davon in die Renovierung fließt, weiß man nicht. Luxuriöse Range Rover, Geländewagen von Mercedes und BMW überall. Auch sie prägen das Stadtbild von Beirut.

In Beirut ist es heiß und schwül. Unter der weißen Wolke, die vor bergigem Hinterland klemmt, kann die dunkelgraue Abgaswolke nicht entkommen. Beirut lebt im Smog der Generatorenmotoren, welche die Stromversorgung aufrechterhalten. Sie brummen aus Hinterhöfen und Kellern, sorgen dafür, dass es höchstens nachts für ein paar Stunden keine Elektrizität gibt und Klimaanlagen und Kühltruhen nicht ausfallen. Die Bewohner:innen in den Hochhäusern in den eleganten Vierteln von Beirut sprechen sich ab, wann Strom gespart und der Generator für eine Weile abgestellt werden soll. In WhatsApp-Gruppen werden die Zeiten vereinbart.

In den Stadtteilen, die Flüchtlingsviertel sind, kommt der Strom vom Staat und für höchstens zweimal zwei Stunden am Tag, eher weniger. Dafür kostet der Bezug von Elektrizität nur einen halben US-Dollar pro Monat und Wohnung. Die Sicherheitsleute, die in diesen Vierteln für Ordnung sorgen, nehmen, so höre ich, zweihunderttausend libanesische Pfund pro Familie, fast zehn US-Dollar. Libanesische Polizeikräfte haben in diesen Vierteln keinen Zutritt. Viertel wie Burj el-Barajneh sind kleine Stadtstaaten unter dem Regime des Hilfswerks der Vereinten Nationen für Palästina-Flüchtlinge im Nahen Osten (UNRWA). Für die Sicherheit sind die männlichen Bewohner des Flüchtlingsviertels zuständig. Vor ihren Wachposten mit Fahne und Arafat-Porträt posieren palästinensische Sicherheitsleute mit Gewehren und kugelsicheren Westen. Seit in dieses Viertel auch syrische Flüchtlinge eingezogen sind, gibt es gleich um die Straßenecke das syrische Pendant, auch mit Flagge, ohne Porträts, dafür mit einem Artilleriegeschütz als Dekoration auf dem Dach. Ihr Wachposten sieht martialisch aus. Drei Männer mit Gewehren und in Kampfanzug sitzen auf Klappstühlen davor. Jeder Wachposten beschützt jeweils die eigenen Landsleute. Man misst sich gegenseitig mit Drohgebärden.

Nachts komme es gelegentlich zu Schießereien, sagt meine palästinensische Begleiterin. Sie wohnt selbst im Viertel. Die Sicherheitsposten sind Teil des Alltags im Flüchtlingsquartier, reihen sich ein neben Bäcker, Handyshop und Boutique. In unmittelbarer Nähe zum syrischen Posten hat ein Spielzeughändler seinen Karren aufgestellt. Er verkauft Sandförmchen, Autos, kleine schwarze Maschinengewehrattrappen aus Plastik.

Dem Ferrari folgt ein Aston Martin, der etwas tiefer röhrt. Auch sein Kennzeichen ist libanesisch. Es ist die einheimische Schickeria, die bis spätnachts den Autokorso durchs Viertel veranstaltet. Über das Dröhnen der Motoren schwingen sich die melodischen Rhythmen libanesischer Hits. Bars und Restaurants auf der Rue Pasteur unterscheiden sich in puncto Personal, Interieur, Angebote kaum von den Ausgehmeilen in anderen Großstädten. Luxusmarken sieht man überall, bei Autos, Kleidung, Uhren, Handtaschen, Sonnenbrillen, ob echt oder nicht.

Ein Jahr nach der Explosion im Hafen von Beirut sind die Spuren noch deutlich zu sehen. Party wird trotzdem gemacht. Familienmitglieder aus der weltweit verstreuten Diaspora sind im Sommer zu Besuch, vielleicht auch angelockt von der abgrundtief gefallenen Währung, die das Feiern lächerlich billig macht. Man wird seine US-Dollars in Beirut nicht los. Der Währungszerfall ging so schnell vor sich, dass die Kassensysteme nicht umgestellt sind und immer noch Dollarpreise zum alten, fixierten Kurs ausweisen. Für einen US-Dollar bekam man vor zwei Jahren 1564 Libans; im Juli 2021 ist er 24 000 wert. Einheimische Kreditkarten benutzt niemand. Alles wird bar bezahlt, bevorzugt mit US-Dollars, deren Umtauschrate individuell ausgehandelt wird. Alle sind mit Geldbündeln unterwegs. Der zu erwartende Zusammenbruch von Wirtschaft und Währung und seine Auswirkungen kümmern alle und niemanden. Niemand erwartet etwas vom Staat. Leistungsfähige Institutionen, eine funktionierende Straßenbeleuchtung, anständige staatliche Schulen gibt es nicht. Die Fahrzeuge der Polizei stehen mit platten

Reifen am Straßenrand. Aber wer braucht schon einen Staat, wenn er ein Land hat, in dem es sich so schön feiern lässt?

Gespannter Gleichmut liegt in der Luft. Vor allem jüngere Libanes:innen sind desillusioniert. Was sollen sie sich in diesem Land aufbauen, in dem es keine verlässlichen Institutionen gibt, sondern das Gesetz des Mächtigeren gilt? Praktisch alle planen ihre Zukunft im Ausland. Das sei schon sehr lange so, erklärt mir der Taxifahrer, dessen Sohn sich aufs Studium in Kanada vorbereitet. Allein in Brasilien leben bis neun Millionen Libanes:innen. Seit der Wirtschaftskrise von 2019 und der verheerenden Explosion im Sommer 2020 mussten viele Geschäfte schließen. Westliche Luxusmarken, die in Beirut Filialen unterhielten, haben ihre Läden dichtgemacht. Es wird kaum gebaut, obwohl viele der Häuser in Hafennähe durch die Explosion schwere Schäden erlitten haben. Wer kann, bringt seinen Kindern Englisch bei. Wer kann, lernt einen Beruf, für den es im gelobten Land Deutschland Stellen gibt, im Pflegebereich zum Beispiel.

»Geld?« Rabih Shibli, Direktor des Centers for Civic Engagement and Community Services (Zentrum für Gesellschaftsentwicklung) an der Amerikanischen Universität in Beirut, lacht amüsiert. »Geld brauchen wir nicht. Libanon ist reich. Und ihr drängt uns das Geld regelrecht auf. Damit wir uns entwickeln. Was entwickeln? Noch mehr Korruption? Statt Geld bräuchten wir eine Strategie für den Wandel in einen modernen Staat, wie ihr ihn euch vorstellt, wie er auch sinnvoll wäre. Aber die hat keiner. Schon deshalb nicht, weil die Clans Änderungen in dieser Richtung niemals zuließen. Warum sollten sie? Für uns in Libanon ist die Clanzugehörigkeit das Einzige, was zählt. Ihr habt kein Konzept für uns, das ähnlich stark wäre. Zivilgesellschaft? Wir wissen nicht, wie das geht. Hier ist es ein Drama, wenn ein Schiit eine Sunnitin heiraten will. Wir können uns nicht unvoreingenommen, ungeachtet unserer Religions- oder Clanzugehörigkeit begegnen. Oder noch nicht. Aber wenn ihr wollt, spielen wir Demokratie und nennen uns Partei. Hauptsache, ihr habt einen Ansprechpartner für die Überweisung eurer Hilfsgelder. Ein Gutes hat unsere Clangesellschaft übrigens. Die Clans sorgen für ihre bedürftigen Mitglieder. Wir überleben. Also beruhigt euch! Einerseits. Geld fehlt nicht. Wir können uns nur selbst helfen. Mit Leuten, die Bescheid wissen, die andere, die Bescheid wissen, überzeugen. Wir brauchen *wounded healers* [verwundete Heiler], keine *tree-huggers* [Baumumarmer].«

Eman, Libanon, 2021

Eman, Syrien

Am liebsten zurück nach Syrien

Eman ist schmal, ihr Gesicht markant. Sie mustert mich abwartend, unerschrocken. Ich treffe sie im Sommer 2021 im Süden Libanons, an einem Tag, an dem die Uno zur Aufklärung von Raketenabschüssen auf Israel einen Einsatz durchführt.

Als ihr Haus in Hama in Syrien 2015 getroffen wird, ist Eman mit den beiden Söhnen, der jüngere neun Monate alt, in einem Nebenzimmer. Nach dem Angriff blickt sie verstört ins Wohnzimmer und stellt fest, dass es fehlt. Die Hälfte des Hauses ist wie weggefegt.

Ihr Haus ist als eines der ersten im Stadtteil getroffen worden. Noch während sich der Rauch legt, das Geschrei von der Straße immer lauter wird, packt Eman ihre Söhne und ein paar Vorräte und rennt das Treppenhaus hinunter. Das Gebäude kann jede Sekunde in sich zusammenstürzen.

Obwohl sich schon sechs Familien mit kleinen Kindern in drei Zimmern zusammendrängen, kommt Eman bei Verwandten unter. In den folgenden Tagen und Wochen wird klar, dass der syrische Bürgerkrieg nun auch Hama erreicht hat. Als Folge des Dauerbeschusses trauen sich die Menschen kaum mehr auf die Straße. Niemand wagt es, zur Arbeit zu gehen. Es gibt kein Einkommen. Auch Männer, die ihren Militärdienst schon abgeleistet haben, werden eingezogen. Ihnen bleibt nur die Wahl, dem Befehl zu folgen oder sich den Widerstandskämpfern anzuschließen, die Syrien von seinem Machthaber Baschar al-Assad befreien wollen. Beide Kriegsparteien zwingen die Männer in ihre Dienste. Wer sich weigert, wird umgebracht, damit er nicht beim Feind anheuern kann.

Eman ist froh, dass ihr Mann das Land schon vor Ausbruch des Bürgerkriegs verlassen hat. Er lebt als Gastarbeiter in Libanon. Als die Situation immer unerträglicher wird, immer mehr Bomben fallen und die Alten, Frauen und Kinder vor Angst nur noch benommen in den Häusern sitzen, beschließt Eman, zu ihrem Mann nach Libanon zu fliehen. Noch sind die Grenzen im Süden offen.

Das ist sechs Jahre her. Eman lebt mit ihrem Mann und den inzwischen drei Söhnen im Süden Libanons. Die beiden älteren Jungs besuchen die öffentliche Schule in Tyros. Als die wegen Corona im Lockdown ist, bekommen die Kinder den Lernstoff per Video aufs Mobiltelefon geschickt. Inzwischen wird wieder unterrichtet. Am Vormittag sind die libanesischen Schüler:innen an der Reihe, am Nachmittag die syrischen. Die Gruppen sollen sich nicht mischen, damit keine Integration stattfinden kann und die Syrer:innen eines Tages in ihr Land zurückkehren, hofft Libanon.

»Meinen Söhnen rufen sie ›Syrer‹ nach. Ein Schimpfwort in Libanon.« Weil die libanesischen Kinder sie nicht mitspielen lassen, hocken Emans Jungs die meiste Zeit zu Hause. »So ist das«, meint Eman, »nicht alle Finger der Hand sind gleich lang.« Gleich ist nicht gleich. Dass die Kinder nur zu Hause sind, tut ihr weh. Sie wünschte, dass sie unbeschwert aufwachsen, Freunde haben, mit denen sie gemeinsam spielen können, glücklich sind. In Libanon haben ihre Söhne keine Zukunftschancen.

Am liebsten würde sie zurück in ihr Land, das sie liebt und vermisst. In Hama, das hat sie von Verwandten erfahren, werde wieder aufgebaut. Aber alles sei noch zu unsicher. Und so bleibt die Familie, abwartend und hin- und hergerissen, in Libanon. Denn Eman ist auch voller Erwartungen, was das Gespräch mit der Uno-Flüchtlingshilfe (UNHCR) betrifft. Wenn es so weit ist, wollen sie und ihr

Mann ihre Hoffnung schildern, in ein Land auswandern zu dürfen, das den Kindern eine Ausbildung ermöglicht. Welche Kriterien sie für die Migration erfüllen müssen, weiß Eman nicht. Es gebe so viele Gerüchte. Die eine Familie werde vom UNHCR finanziell unterstützt, die andere nicht, egal wie viele Kinder sie habe. Eine ganze Familie dürfe nach Australien auswandern, bis auf die behinderte Frau, die den Antrag überhaupt erst gestellt habe. Eman möchte nach Deutschland. Viele träumten von Deutschland. Als ich frage, ob sie wisse, dass nicht alle Bürger:innen in Deutschland damit einverstanden seien, Flüchtlinge aufzunehmen, wandert ihr Blick zum Fenster, verliert sich. Dann sagt sie, alle ihre syrischen Bekannten hätten gesagt, Deutschland sei großartig. Dort gebe es keinen Rassismus, nur Frieden und Sicherheit.

Unser Gespräch übersetzt Farah. Danach frage ich sie, wer sich um die Bedürftigen, die von der Wirtschaftskrise in Libanon schwer getroffen sind und nicht weiterwissen, kümmere. Sie meint, dass Libanes:innen sich gegenseitig helfen würden, irgendwie ginge es immer. Sie ist Palästinenserin mit jordanischen Wurzeln und einem libanesischen Ehemann. Über Politik will sie nicht reden, macht sich darüber auch keine Gedanken. Über die Hizbollah erst recht nicht; das sei Männersache.

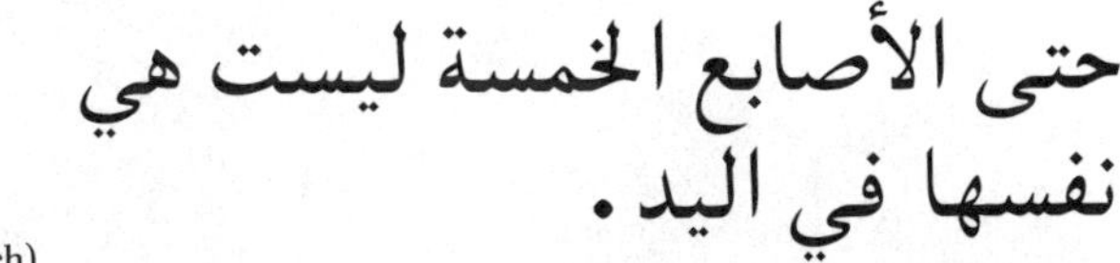

(Arabisch)

»Selbst die fünf Finger an einer Hand sind nicht gleich.«

Syrisches Sprichwort

Rym, Libanon, 2021

Rym, Syrien

Flucht zu einem unbekannten Ehemann

Rym ist elegant, sympathisch, selbstbewusst und hat in ihrer arrangierten Ehe ihr Glück gefunden. Auch wenn sie deshalb als Flüchtling in Südlibanon lebt.

Rym ist zwanzig, lebt mit ihrer Familie in der Nähe von Idlib in Syrien. Ihr Vater arbeitet auf einer Polizeistation. Die Mutter kümmert sich um den Haushalt. Rym geht zur Schule, belegt als zweite Fremdsprache Französisch und absolviert anschließend eine Computerausbildung. Dann kommt der Krieg.

Als sich der Bürgerkrieg in Syrien ausdehnt, gerät Idlib unter Bombenbeschuss. Die Stadt wird später zur Rebellenhochburg beziehungsweise zur Hochburg der Befreiungskämpfer, je nach Perspektive. Flugzeuge der syrischen Regierung und der Russen lassen Tag und Nacht Bomben auf Idlib fallen. Die Menschen leben in ständiger Angst. Nichts ist mehr vorhersehbar, nichts lässt sich planen. Ryms Besuche bei Freundinnen fallen weg. Wer nicht muss, geht nicht aus dem Haus. Nervosität und Angst sind ständige Begleiter. »Wir trauten uns kaum, auf die Toilette zu gehen, weil wir jederzeit bereit sein mussten, in den Keller zu rennen.« Die anfliegenden Bomber sind so laut, dass sie den Sirenenalarm übertönen. An manchen Tagen hastet die Familie mehrmals täglich die Treppe hinunter in den Schutzraum. »Wenn wir zurück nach oben kamen, waren wieder Häuser zusammengestürzt, Menschen ausgebombt, gab es neue Tote zu beweinen.«

In dieser Zeit wird Rym verlobt. In Abwesenheit ihres Zukünftigen, der Idlib bereits 2007, also vor dem Bürgerkrieg, auf der Suche nach Arbeit verlassen hat – ein Schicksal, das er mit vielen ärmeren Syrern teilt. Nach zehn Jahren hat er sich in Libanon eine kleine Existenz aufgebaut und bittet seine Eltern um eine syrische Ehefrau. Die beiden Familien kennen sich. Die Wahl fällt auf Rym, weil das Alter passt. Für Rym ist die bevorstehende Heirat eine Chance, dem Bombenhagel zu entgehen. Aber sie willigt auch ein, weil das von ihr als Tochter erwartet wird. Sie wird ihrem Zukünftigen nach Libanon folgen. 2017 sind die Grenzen offen, noch hat die Offensive auf Idlib nicht begonnen, noch ist die Stadt nicht abgeriegelt. So besteigt Rym eines Morgens ein Großtaxi. Es wird sie zu ihrem Mann, ihrer Zukunft bringen. Ihr Herzklopfen wächst mit jedem Kilometer. Vorfreude gemischt mit Furcht. Was ist, wenn er hässlich ist, sie ihn nicht mag, er grob ist?

Bei ihrer Ankunft in Tyros, im Süden Libanons, steht Rym ihrem Verlobten erstmals gegenüber. Sie verstehen sich auf Anhieb, verlieben sich. Die beiden heiraten. Nach zweieinhalb Jahren kommt Tochter Sahed zur Welt. Rym ist als Ehefrau und Mutter eine respektable Frau und kann das Haus jederzeit verlassen, wenn sie Einkäufe machen muss oder ihre Nachbarinnen besuchen möchte. Sie genießt diese Kontakte, die ihr etwas über die Sehnsucht nach den Verwandten und Freundinnen in Syrien hinweghelfen.

Allerdings setzt die Wirtschaftskrise in Libanon der kleinen Familie zu. Rym macht sich Sorgen um ihren Mann, der eine Knieoperation nötig hätte, die sie nicht bezahlen können. Selbst das Geld für die Schmerzmittel bringen sie kaum auf. Außerdem hat er wohl für die Hochzeitsverhandlungen seine Lebenssituation ein wenig geschönt. Anstelle eines eigenen Gemüseladens besitzt er nur ein Motorrad, mit dem er einen mobilen Gemüsestand am Straßenrand unterhält. Durch die Benzinknappheit in Libanon ist Ryms

Mann gezwungen, fünf bis sechs Stunden an der Tankstelle anzustehen.

Die beiden würden gern nach Hause nach Idlib fahren, um den Familien ihre Tochter vorzustellen. Aber die Stadt ist weiterhin nicht sicher und von verschiedenen Interessengruppen umkämpft.

Obwohl Rym ihr Leben in Tyros mag und dank ihrer charmanten und herzlichen Art sowohl zu ihren syrischen wie libanesischen Nachbarinnen ein gutes Verhältnis hat, fühlt sie sich als Außenseiterin. Sie spürt, dass Syrer in Libanon wie Menschen zweiter Klasse betrachtet werden.

Wenigstens fühlt sie sich sicher im Süden Libanons. Dass es ganz in der Nähe, an der israelisch-libanesischen Grenze immer wieder zu militärischen Auseinandersetzungen kommt, fällt ihr kaum auf. Das ist für sie und ihre Umgebung längst Alltag. Viel mehr belastet Rym, dass sie immer wieder aufschreckt und meint, ein Flugzeug mit Bomben im Anflug zu hören, und dass ihre wirtschaftliche Situation nicht stabil ist. Ihr Mann bringt in der herrschenden Wirtschaftskrise weniger Geld nach Hause. Mit ihren Computerkenntnissen könnte sie zum Familieneinkommen beitragen. Als Syrerin hat sie jedoch kaum Chancen, eine Stelle zu finden, für die es auch viele libanesische Anwärter:innen gibt. Libanon wolle den Syrer:innen bewusst keine Perspektive geben, damit sie das Land wieder verlassen, heißt es. Rym verdrängt ihre Sorgen. Sie kocht Rezepte nach, die sie aus Syrien mitgebracht hat. Gefüllte Weinblätter nach syrischer Art seien die besten der Welt, sagt sie.

Mariam Shaar, Beirut, Libanon, 2021

Mariam Shaar, Beirut, Libanon

Die Unabhängige

Das Konterfei des getöteten iranischen Generals Qasem Soleimani grüßt über dem Eingang des Flüchtlingsquartiers, wo kleine Jungs mit Spielzeugkalaschnikows bewaffnet sind. Mariam Shaar lächelt zur Begrüßung ein Sphinxlächeln. Ich folge ihr in enge Gassen und unter ein tief durchhängendes Gewirr aus Strom- und Wasserleitungen in eine Welt, die ich mir fremder vorgestellt hatte. Burj el-Barajneh ist kein Zeltlager, sondern ein dicht bebauter Stadtteil.

Mariam Shaar ist Palästinenserin und arbeitet für ein Programm der United Nations Relief and Works Agency for Palestine Refugees in the Near East (UNRWA), dem Hilfswerk der Vereinten Nationen für Palästinaflüchtlinge im Nahen Osten. »*Yani*, also«, sagt sie und setzt mir ihr Programm für Flüchtlingsfrauen auseinander. Ziele seien Ermächtigung, selbständiges Einkommen, Selbstwertgefühl, sinnvolle Beschäftigung und über allem die Hoffnung, der Armut zu entfliehen. »Die Frauen sollen ihr Leben beeinflussen können, Hoffnung auf eine bessere Zukunft haben dürfen.«

In ihrer Funktion als Verantwortliche für verschiedene Gemeinschaftszentren für Frauen merkte sie, dass die Flüchtlingsfrauen sich gern nützlich machen und etwas dazuverdienen wollten, und alle liebten es, zu kochen. So kam Mariam Shaar auf die Idee, die Frauen in einer Küche zusammenzubringen. Das gemeinsame Kochen sollte sie von ihrem tristen Alltag und ihren Sorgen ablenken, sie in ihren Fähigkeiten und ihren Stärken bestätigen, ihre

Lebensbedingungen verbessern, aber auch Verständnis unter ihnen schaffen und Freundschaften fördern. Die Stiftung Alfanar des libyschen Geschäftsmannes Tarek Ben Halim half bei der Anschubfinanzierung. Mariam engagierte eine Profiköchin, die den Frauen die Arbeit in einer Großküche beibrachte und mit ihnen ihre Rezepte optimierte. So entstand Soufra. Soufra bedeutet »Tafel, gedeckter Tisch«.

Mariam kam in Beirut im Flüchtlingslager Burj el-Barajneh auf die Welt und ist hier aufgewachsen. Sie hat fünf jüngere Schwestern. Eigentlich hätte sie gern studiert. Sie sei immer ein neugieriges, aber auch zurückhaltendes, unauffälliges und sehr fleißiges Kind gewesen. Lernen war ihr Lebensinhalt. Sie ging im Flüchtlingslager zur Schule. Ihr Traum war es, Anwältin oder Journalistin zu werden. Den palästinensischen Flüchtlingen sind in Libanon allerdings Studiengänge wie Recht, Medizin und Berufe wie Lehrerin verwehrt. Mariam gibt ihren Traum auf. Um ihre Familie finanziell unterstützen zu können, arbeitet sie als Kindergärtnerin im Flüchtlingsquartier.

Die UNRWA wird auf Mariam aufmerksam und bietet ihr eine Stelle als Lehrerin an. Das Hilfswerk kümmert sich um die Bereiche Bildung, Gesundheit, soziale Dienste und Nothilfe. Die Schweiz unterstützt die UNRWA für die Jahre 2021 bis 2024 mit einem jährlichen Beitrag von 20 Millionen Franken. Mariam steigt in der Hierarchie der UNRWA auf, wird Supervisorin für die Palästinenser Schulen in den Lagern. Sie arbeitet auf der Uno-Geschäftsstelle in Beirut und wohnt erstmals außerhalb des Flüchtlingslagers. Sie lächelt. »Das war ein Kulturschock.«

Das Flüchtlingslager Burj el-Barajneh im Süden der libanesischen Hauptstadt Beirut entstand 1948 und beherbergte vor allem palästinensische Flüchtlinge. Über die Jahrzehnte ist daraus ein Stadtteil mit fest gebauten Häusern geworden. Das Gebiet umfasst etwa einen Quadratkilometer. Seit Ausbruch des Bürgerkriegs in Syrien sind viele syrische Flüchtlinge in Burj el-Barajneh hinzugekommen. Die alteingesessenen palästinensischen Flüchtlinge begegnen ihnen mit Misstrauen; ihretwegen müssen sie noch enger zusammenrücken. Die Anzahl der Bewohner:innen auf der begrenzten Fläche hat sich seit 2015 auf rund fünfzigtausend fast verdoppelt. Das Zusammenleben ist konfliktgeladen. Um die palästinensischen Flüchtlinge kümmert sich die UNRWA, die syrischen werden vom UNHCR, dem Flüchtlingshilfswerk der Uno, unterstützt. Burj bedeutet »Turm« – vielleicht weil die Häuser abenteuerlich Stockwerk um Stockwerk in die Höhe wachsen.

Heute hat Mariam ihr Büro wieder in Burj el-Barajneh und wohnt auch wieder hier. Die Häuser sind unverputzt, die Gassen eng, dunkel, die Stromkabel hängen dicht und bedenklich tief. Es gibt keine Straßennamen, keine Hausnummern. Ohne Begleitung wäre man verloren, auch weil Fremde hier nicht gern gesehen werden. Mariam kennt jede Ecke, die schmalsten, dunkelsten Gässchen. Sie geht bedächtig, grüßt mal hier, mal da. Alle kennen sie, bleiben stehen; viele bitten um Hilfe. Mariam wurde durch den Dokumentarfilm *Soufra* aus dem Jahr 2017, der über ihre Gemeinschaftsküche gedreht wurde, bekannt. »Seit dem Film gelte ich als reich. Wenn ich ablehne, jemandem Geld zu geben, hält man mich für arrogant.«

Die Armut ist sichtbar, spürbar. Leiden die Menschen im Flüchtlingslager an Hunger, frage ich im Gespräch mit einem jungen Palästinenser. Er meint nein. Alle hätten Beziehungen, sogar ins Ausland. Er wolle auch nicht aus Burj wegziehen. Eine Wohnung in Beirut koste viel mehr, außerdem bezahle er im Lager monatlich umgerechnet nur einen halben US-Dollar für Wasser und einen halben US-Dollar für Strom. Er schlage sich mit Gelegenheitsjobs durch, wie so viele. Wer kein Geld für Essen habe, ersetzte zuerst das Fleisch durch Gemüse, dann das Öl durch Wasser, und bald müsse ein Kilo Reis für zehn Portionen reichen.

Mariam betritt ein Haus. Es gibt keine Haustür. Im Innenhof tropft es, Schutt und Holz liegen herum. Ein Wust aus Elektrokabeln führt in die höher gelegenen Stockwerke. Der Strom im Lager fließt täglich nur zwei Stunden. Immer wieder erleiden Menschen, oft sind es spielende Kinder, Stromschläge, weil sie mit den Kabeln in Berührung kommen. Außerdem sind die Wasserleitungen häufig mitten im Wust der Elektrokabel verlegt. Wir steigen die Treppe hinauf. Im ersten Stockwerk gibt es keine Fensterscheiben, Wände und Böden bestehen aus rohem Zement. Oben ist Kinderlachen zu hören.

Wir betreten das Nour Center für Bildung, soziale Unterstützung, Unterhaltung und Sport, ein Projekt der Women's Programs Association (WPA), das Kinder unterrichtet. Es war ursprünglich ein Förderprogramm der UNRWA. Mariam Shaar ist Direktorin von WPA und als solche zuständig für Frauengemeinschaftszentren in acht verschiedenen Flüchtlingsquartieren in Beirut. Sie habe lernen müssen, mit der Verantwortung umzugehen. Sie stellt sich kompromisslos vor ihre Mitarbeiter:innen. Als ihr die Bank in der aktuellen Wirtschaftskrise die Löhne für die Lehrer:innen der Schulen nicht ausbezahlen will, droht sie, mit allen Mitarbeitenden vor der Bank aufzumarschieren. Sie bekommt das Geld.

Die Schüler:innen des Nour Center haben den Besuch erwartet. Eigentlich wäre heute schulfrei, weil in diesen Tagen das islamische Opferfest Eid al-Adha stattfindet. Die Jungs und Mädchen werden zusammen unterrichtet und sitzen durcheinander. Sie hatten gerade die Aufgabe, über ihr Befinden nachzudenken und diesem entsprechend ein Smiley auszumalen, traurig, lustig oder mit Herzchen als Augen. Die meisten strecken eine Zeichnung mit Herzchen in die Höhe. Nebenan lernen die Schüler:innen erste Englischvokabeln zu schreiben; *apple* beginnt mit einem A. Die Schule wirkt organisiert, übersichtlich, heiter. In den Klassen herrscht vonseiten der Lehrer:innen ein rauer, fast barscher Ton, anders, als wir ihn gewohnt sind.

Mariam Shaar entlässt die Kinder und schenkt ihnen ein kleines Taschengeld, damit sie sich während der Festlichkeiten etwas

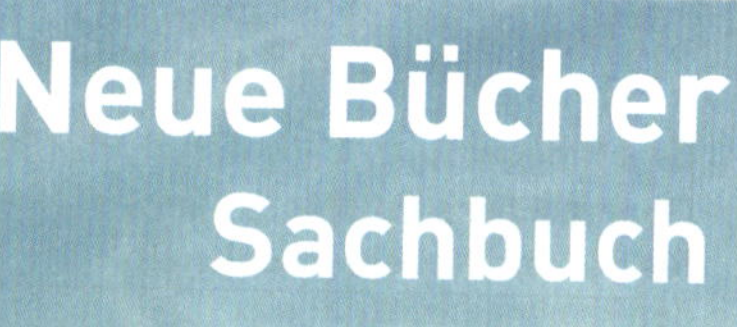

e auf dem Karussell oder
könnten sich wenig leis-
die Geldentwertung in
n besonders zu schaffen.
Waren durch die engen
n diesem Tag die Kinder
recken, und auf manchen
cht gedrängt sitzen Jungs
hen und schreien, winken
n in den engen Gassen in
ichtlingsquartier gibt es
der toben in den Häusern,
gendwo gibt es einen Fuß-
ler, darunter Torhüter Ali
und irgendwann in ihrer
isten palästinensischen
banesischen Pässe, haben

ssen von Burj el-Barajneh.
rden die Gebäude erhöht.
sei dennoch geregelt, er-
cht jeder einfach drauflos-
zum Mittagessen ein. Mir
gt. *»Yani«*, meint Mariam
ser Gefängnis. Es gibt nicht
so viele Probleme und jetzt
hier alle als eine Familie.
l wer könnte sie sich schon

nd Gemüse gekocht, liegt
lächelnd auf dem Sofa. Sie ist 1951 in Burj el-Barajneh geboren. Mariams Vater, 1942 geboren, ist als Sechsjähriger mit seinen Eltern aus Akka im heutigen Israel geflüchtet. Weil sie nur Töchter und

keine Söhne haben, werden sie bedauert. Wie solle es denn mit ihnen weitergehen, wenn kein Stammhalter da sei. Gerüchte, Gemunkel und Häme verbreiten sich schnell in Burj el-Barajneh. Der Vater hört seit dem Bürgerkrieg in Libanon nicht mehr gut; was genau passiert ist, weiß die Familie nicht. Er hat sich in sich selbst zurückgezogen. So entscheidet Mariam eines Tages, dass sie Oberhaupt der Familie und für alle verantwortlich ist. Sie nimmt es in die Hand, ihre fünf jüngeren Schwestern zu verheiraten. Erst will man ihr für die Mitgiftverhandlungen einen entfernten Verwandten zur Seite stellen. Mariam wehrt sich. Sie will selbst für die Familie sprechen. Diese Ungehörigkeit wird zum Schlüsselmoment in ihrem Leben. Sie entdeckt, dass sie auch kann, was Männer können. Und daraus entwickelt sich mehr: Mariam Shaar macht sich die Förderung und Gleichstellung von Frauen, insbesondere von Flüchtlingsfrauen, zur Lebensaufgabe.

Ihre Heiratsverhandlungen sind erfolgreich. Mariam verschafft sich Respekt. Alle fünf Schwestern werden verheiratet; eine ist inzwischen wieder geschieden, eine andere verwitwet. Mariam genießt es, ihre Nichten und Neffen aufwachsen zu sehen und sie zu verwöhnen. Es braucht einiges, der stets gefassten, zurückhaltenden Mariam ein herzliches Lächeln zu entlocken. Es gelingt, wenn sie von ihrer jüngsten Nichte spricht, die nach ihr benannt ist. Für sie sucht sie beim Spielzeughändler, der auch Kalaschnikows aus Plastik im Angebot hat, nach einem Püppchen. Mariam will ihren Nichten und Neffen ein Vorbild sein. Ihre Nichten sollen frei entscheiden können, wie sie leben möchten. Dafür sei eine gute Bildung eine entscheidende Voraussetzung, aber auch die Wertschätzung von Fähigkeiten, die außerhalb von Schulen und Universitäten erworben würden.

Unverheiratet sein zu dürfen, musste sich Mariam Shaar erkämpfen. Sie habe doch nicht, sagt sie, in eine neue Familie einheiraten können, wenn sie zu Hause gebraucht wurde. Dass sie als unverheiratete Frau für Stirnrunzeln in der traditionellen Umgebung sorgt, wird ihr täglich vorgeführt. Man habe sich immer noch nicht daran gewöhnt, sagt sie mit einem Schulterzucken. Dabei habe sie oft genug bewiesen, dass sie auch als Frau ohne Ehemann eine respektable Frau sei.

Mariam Shaar ist eine der bekanntesten Bewohnerinnen des Flüchtlingsquartiers Burj el-Barajneh. Es sei nicht immer leicht, stark zu sein, sagt sie. Sie habe lernen müssen, sich abzugrenzen. Sie sei wohl auch zu familiär mit ihren Mitarbeiterinnen umgegangen, habe sie wie Schwestern behandelt, bis sie hintergangen und enttäuscht worden sei. Heute achte sie auf Distanz, verschaffe sich den nötigen Respekt. Sie habe es sich weniger hierarchisch gewünscht.

Der Film *Soufra* zeigt, wie die Frauen in der Küche zu einer eingeschworenen Gemeinschaft werden. Beäugte man am Anfang die Frau neben sich noch argwöhnisch und schaute ihr auf die Finger, ob sie die gefüllten Weinblätter so gut wickeln könne wie man selbst, überwog nach kurzer Zeit die Begeisterung, sich an einem geschützten Ort treffen zu können und etwas zusammen zu machen. Auf dem Dach des Hauses wurden Gemüse und Kräuter angepflanzt; ein richtiger Garten entstand. Die Frauen wollten ihre Köstlichkeiten per Catering der feinen Gesellschaft von Beirut verkaufen. Ein Food-Truck wurde mittels Crowdfunding finanziert, und Mariam lernte Autofahren. Der Erfolg des Unternehmens war jedoch nicht so durchschlagend wie erhofft. »Anscheinend kaufen Libanes:innen kein Essen, das Palästinenserinnen gekocht haben.« Deshalb beliefere die Soufra-Küche vor allem Hilfsorganisationen in Beirut. Der Film wurde an verschiedenen Festivals gezeigt und hat diverse Preise gewonnen.

Die Soufra-Küche zieht gerade um. Es kommen ein Verkaufsladen und das Soufra-Frauencafé hinzu. Auch das wird von der WPA verwaltet und mit Geldern der UNRWA und etwa der Schweizer Organisation Cuisines sans Frontières finanziert. Es soll zu einem Begegnungsort für Frauen und Mädchen aus dem Flüchtlingslager werden; Männer haben keinen Zutritt. Wie er das finde, frage ich einen jungen Palästinenser. »Gut, auf jeden Fall«, meint er. Er hat die Lampen fürs Café gemacht, kümmert sich um die Klimaanlage und was sonst noch so anfällt – als Mädchen für alles. Die Soufra-Cafeteria ist der einzige Ort, an dem sich die Bewohnerinnen von Burj außerhalb ihrer Häuser treffen können. Es bietet verschiedene Arbeitsplätze für Frauen und Mädchen aus dem Quartier. In der Küche sind rund dreißig Köchinnen beschäftigt. Alle arbeiten Teilzeit, auch die Verkäuferinnen des zugehörigen Ladens und die Mitarbeiterinnen im Service.

Mariam Shaar denkt weiter. Sie zeigt mir das Dach des zweistöckigen Gebäudes. Hier soll eine begrünte Dachterrasse mit großen Sonnensegeln entstehen. Auch die Wände im Café sollen nicht weiß bleiben. »Nach der grauen Zeit mit Corona und den Einschränkungen durch die Wirtschaftskrise in Libanon möchten die Frauen jetzt Farben sehen. Ich bin gespannt, mit welchen Ideen sie kommen, wie sie die Wände anstreichen wollen. Hauptsache, bunt.« Mariam Shaar ist die Nachhaltigkeit des Projekts wichtig. Sie ist froh, dass sich aus dem Catering das Café mit allem Drum und Dran entwickelt hat, dass immer mehr palästinensische Frauen, aber auch Syrerinnen kommen und profitieren, ob als Mitarbeiterin oder als Gast. Das Café soll auch dazu beitragen, dass ein Austausch zwischen den Palästinenserinnen und Syrerinnen und gegenseitiges Verständnis entstehen. Die Frauen, die die Soufra-Küche mit aufgebaut haben, haben heute leitende Positionen, weisen neue Frauen ein, zeigen ihnen, wie man Verantwortung übernimmt, sich als Frau behauptet. Die Frauen vermitteln sich gegenseitig neue Werte.

Mariam erzählt, einerseits seien die Eltern froh, dass sich ihre Töchter in Burj el-Barajneh an einem sicheren Ort träfen und das Quartier nicht verließen. Andererseits stünden Lokale in muslimischen Gesellschaften traditionell nur Männern offen; ein Kaffeehaus für Frauen sei eine Neuheit. Da brauche es etwas

Zeit. Helferinnen hätten von ihren Ehemännern zu hören bekommen, sie sollten sich bloß nicht von diesen »frechen« Ideen von Mariam Shaar anstecken lassen. Mariam lächelt ihr Sphinxlächeln.

Baraa, Libanon, 2021

Baraa, Syrien

Dort ist Krieg, hier ist Krise

Wir setzen uns in die Schulbänke, von denen sie sich ein besseres Leben erhofft, und reden. Für die Ausbildung ihrer Töchter tut sie alles. Das kann sie ihnen bieten.

Baraa stammt aus Idlib in Syrien, hat neun Jahre lang die Schule besucht und wollte Lehrerin werden. Ihr Notendurchschnitt reichte jedoch nicht für die höhere Schule. Sie zuckt bedauernd mit den Schultern.

Als Baraa heiratet, ist der Bürgerkrieg noch in weiter Ferne. Ihre Tochter Hadin wird geboren. Der Krieg rückt näher. »Wir haben von Bomben in anderen Städten gehört. Dann gab es erste Kämpfe auch bei uns. Und plötzlich war alles anders. Wir konnten keine Milch für das Baby kaufen, keine Windeln. Alle hatten Angst.« 2012 entschließt sich ihr Mann zur Flucht.

Die Familie besteigt eines der vielen Großtaxis, die in langen Kolonnen zur Grenze und nach Libanon fahren. Syrer:innen, die sich die Flucht nach Europa nicht leisten können, flüchten ins Nachbarland. Libanon nimmt im Laufe des syrischen Bürgerkrieges geschätzt rund eine Million Flüchtlinge auf, ein Sechstel seiner Bevölkerung. Viele landen in einem der Zeltlager im Süden des Landes. So auch Baraa und ihre Familie; sie kommen nach Tyros und werden nach ihrer Ankunft vom UNHCR als Flüchtlinge registriert.

Zwei Jahre später – sie leben noch im Lager – wird Tochter Ruha geboren. Baraas Mann hat Arbeit als Landarbeiter. Er wird täglich bar auf die Hand bezahlt. In Syrien war er Besitzer eines Lebensmittelladens. Baraa hat eine weitverzweigte Familie in Idlib. Einige Mitglieder sind wie sie vor dem Bürgerkrieg geflüchtet. Von anderen fehlen Nachrichten. Baraa unterbricht sich, sieht zum Fenster.

Durch die Einkünfte des Mannes gelingt es der Familie schließlich, ein Zimmer zu mieten. Sie kann sogar den kriegsgeplagten Verwandten in Syrien Geld schicken, manchmal hundert US-Dollar im Monat. Seit der aktuellen Wirtschaftskrise in Libanon hat sich das Verhältnis aber umgekehrt. Baraa hat keine zehntausend libanesische Pfund (sechs US-Dollar) mehr übrig. Jetzt schicken die Verwandten in Syrien Diabetesmedikamente für ihren Mann. Die kosten ungefähr sechzig US-Dollar im Monat; das können sie sich längst nicht mehr leisten.

Vielleicht würden sie vom UNHCR unterstützt, wenn sie mehr Kinder hätten, aber genau weiß Baraa das nicht, und sie will auf keinen Fall mehr Kinder. Sie will etwas anderes. Sie setzt auf ihre Töchter Hadin und Ruha. Sie sollen eine gute Bildung bekommen; darin sieht sie den Schlüssel zu einem besseren Leben. Die beiden Mädchen gehen in eine staatliche libanesische Schule und besuchen ergänzend die Schule einer Schweizer NGO. Eine gute Schulbildung und ein anschließendes Studium sollen den Töchtern zu einem Beruf und gut bezahlten Stellen mit richtigen Arbeitsverträgen verhelfen. Der Vater ist nach fast zehn Jahren in Libanon immer noch Tagelöhner; als Flüchtling hat er kaum Chancen auf eine feste Anstellung. Libanon setzt alles daran, die syrischen Flüchtlinge nicht zu integrieren, damit sie in ihr Land zurückkehren. Die Unsicherheit, dass ihr Mann jeden Tag seinen Job verlieren könnte, belastet Baraa. Er ist der Ernährer der Familie. Was ist, wenn er ausfällt? Außerdem macht sie sich Sorgen um seine Gesundheit.

Baraa hielt viel von den syrischen Schulen. »Vor dem Bürgerkrieg hatten wir in Syrien exzellente Lehrer:innen. Bildung war sehr wichtig.« Wer heute in Syrien einen guten Schulabschluss machen wolle, habe es schwer. Die Lehrer fehlen. Viele sind geflüchtet oder im Bürgerkrieg umgekommen.

Baraa, die selbst gern Lehrerin geworden wäre, unterrichtet nun ihre Töchter. Als Ruha eingeschult wird, kennt sie die arabischen und lateinischen Schriftzeichen, kann lesen und schreiben. In der Schule sind die Lehrerinnen von ihrem Ehrgeiz, Fleiß und ihrer Disziplin überrascht und beeindruckt. Das Mädchen eifert ihrer großen Schwester nach, die als Mathematikgenie gilt. Doch kaum ist Ruha eingeschult, schließen die Schulen wegen Corona. Beide Töchter bekommen von den Lehrer:innen Unterrichtsvideos aufs Mobiltelefon geschickt. Ruha lernt schnell, die Aufgaben selbständig zu lösen, sodass die Lehrerin vermutet, die Mutter hätte geholfen. Hadin, die ältere Schwester, nimmt bei der NGO am Berufsbildungsprogramm teil. Sie ist elf, lernt Englisch und den Umgang mit dem Computer. Sie wünscht sich einen eigenen Computer.

Natürlich freut sich Baraa über die Anerkennung durch die Lehrerinnen und ist stolz auf ihre Töchter. Sie hat das Gefühl, auf dem richtigen Weg zu sein. Dafür hat Baraa für ihre Töchter einen strikten Tagesplan aufgestellt, mit festgelegten Zeiten für Schule und Hausaufgaben, Essen und Schlafen; es gibt auch Raum fürs Spielen. Sie überlässt nichts dem Zufall. Sie begleitet die Mädchen zur Schule und holt sie auch wieder ab, zu Fuß; sie haben kein Geld für den Bus. Zu Hause dürfen die Mädchen draußen spielen, aber nur vor dem Haus. Sie haben ausschließlich syrische, keine libanesischen Kinder als Spielgefährten.

Die Rückkehr nach Syrien wird immer unwahrscheinlicher. Aber auch in Libanon gibt es wegen der Wirtschaftskrise keine Perspektive. Baraa und ihr Mann hoffen, in ein anderes Land auswandern zu können, ein Land, in dem es gute Schulen gibt. Das ist für Baraa entscheidend. »Germani«, sagt sie fast andächtig. Deutschland ist ihr Traum. Es soll ein wunderbares Land sein, sagt Baraa, ein Land, in dem es alles gibt, Medikamente für ihren Mann, keine Armut,

Universitäten. Sie wisse, dass die Menschen in Deutschland dafür arbeiten müssten, damit die Flüchtlinge untergebracht würden. Aber Deutschland und andere Länder wie Kanada, Australien seien doch reich. Und sie sagt, man dürfe nicht glauben, dass die Hilfe, die von diesen Ländern für die Flüchtlinge geschickt werde, bei ihnen ankomme. Sie spürten jedenfalls nichts davon.

Leila Sohl Shibli, Schulleiterin, Tyros, Libanon

Unterricht für die Ärmsten

Wir sind im Süden Libanons unterwegs, auf dem Weg nach Tyros zu einer Schule, die syrische Flüchtlingskinder unterrichtet. Bilder von Hisbollah-Märtyrern säumen die Autobahn. Vor den Tankstellen haben sich lange Schlangen gebildet. Der Fahrer verfährt sich mehrfach. Schließlich begrüßt uns die Schulleiterin.

Die Schule befindet sich in einer Wohnung im zweiten Stockwerk. Dem Gebäude gegenüber stehen Bananenbäume. Im Hinterhof ist eine Karosseriewerkstatt mit glänzenden riesigen Luxusgeländewagen. Ich hatte mir ein Haus mit Pausenhof vorgestellt. Ein schmaler Gang mit Kinderzeichnungen und Englischvokabeln führt zu den fünf Klassenzimmern. Sie sind verwaist. Wegen Corona unterrichten die drei Lehrerinnen die Schüler:innen im Flüchtlingslager.

Schulleiterin Leila Sohl Shibli ist Libanesin und in Kanada aufgewachsen. Sie hat Soziologin studiert, ist verheiratet und Mutter von drei Kindern. Mit ihrer Familie lebt sie in Beirut. Seit sechs Jahren arbeitet Leila für die Schweizer Hilfsorganisation Swiss4Lebanon, ehemals Swiss4Syria, welche die Schule für Flüchtlingskinder betreibt.

Auf dem Stundenplan stehen Grundschulfächer wie Lesen und Schreiben, sowohl des arabischen wie des lateinischen Alphabets, die Vermittlung von Disziplin, Respekt und Hygiene. Unterrichtet wird von acht bis zwölf Uhr, an vier Tagen die Woche. Rund 150 bis 200 syrische Flüchtlingskinder konnte die Schule vor Corona betreuen. Mittags gab es für jedes Kind ein Sandwich zum Lunch. Es gebe Kinder, die ihr Brot mit nach Hause nähmen und dort mit den Geschwistern teilten, sagt Leila. Die syrischen Flüchtlingskinder im Süden Libanons gehören zu den ärmsten Flüchtlingen; ihre Familien könnten sich nicht auf den Weg nach Europa machen.

Die Schule möchte auch ein Kontrastprogramm zum tristen Alltag im Flüchtlingslager sein. Den Kindern soll eine sinnvolle, anregende Beschäftigung geboten werden. Teilweise besuchen sie auch die öffentliche libanesische Schule. Sie sind zwischen fünf und dreizehn Jahre alt. Später müssen sie oft mithelfen, das Einkommen der Familien aufzubessern. Es braucht Überzeugungsarbeit, damit die Jugendlichen wenigstens an einem Tag der Woche weiterhin am Berufsbildungsprogramm teilnehmen. Pro Tag können sie zwischen 20 000 und 30 000 libanesische Pfund verdienen; das entspricht je nach Kurs einem bis zehn US-Dollar.

Um Vorurteile zu überwinden, wurden in den Räumen von Swiss4Lebanon bereits zwei Kreativ-Workshops durchgeführt, in denen libanesische, palästinensische und syrische Kinder gemeinsam unterrichtet werden. Dies soll neben der Wissensvermittlung eine soziale Verbindung zwischen Flüchtlingen und der lokalen Bevölkerung fördern. Das sei bitter nötig, sagt Leila. Libanon hat schätzungsweise knapp sieben Millionen Einwohner:innen, darunter über eine Million syrischer Flüchtlinge; nicht alle Geflüchteten werden registriert. Das Land hat die Syrer:innen zwar aufgenommen, möchte aber die Situation mit den palästinensischen Flüchtlingen nicht wiederholen, die teilweise seit mehreren Generationen im Land sind. Von offizieller Seite wurde den syrischen Flüchtlingen verboten, feste Häuser zu bauen. Es gibt keine Integrationsmaßnahmen. Die einzelnen Bevölkerungsgruppen mischen sich kaum. Die Kinder haben kaum Kontakt untereinander, spielen nur unter sich.

Leila sagt, sie erlebe die Mütter der syrischen Flüchtlingskinder als stark und pragmatisch. Viele arbeiteten auf den Feldern, in privaten Haushalten oder Restaurantküchen. Für Männer bleibe oft nur die Feldarbeit. Überhaupt einen Job zu bekommen, sei eine große Herausforderung. Zu den Berufsbildungsprogrammen, die Swiss4Lebanon Jugendlichen ab dreizehn Jahren anbiete, zählten Englisch- und Computerkurse, insbesondere die Vermittlung von technischem und computergestütztem bauhandwerklichem Wissen. Ziel sei es, die jungen Syrer:innen zu befähigen, sich in ihrem Heimatland am Wiederaufbau zu beteiligen.

Shirine Dajjani mit ihrer Tochter, Zürich, 2021

Shirine Dajjani, Palästina

Was ist Heimat, Shirine?

Shirine und ihre Tochter Noura lerne ich zufällig in den Schweizer Bergen kennen. »Darf ich fragen, woher du kommst?« »Ich bin Palästinenserin.«

Wenn diese palästinensische Familie zusammentrifft, spielt sie Karten. Tagelang. Und so intensiv, dass nicht einmal richtig gekocht wird. Tarneeb heißt das Spiel, das Shirines Geschwister, ihre Onkel, Tanten, Cousinen und Cousins, die über den Erdball verstreut leben, verbindet. Tarneeb, sagt Shirine, sei in der ganzen arabischen Welt beliebt und ein bisschen wie Jassen. Das spielt sie inzwischen auch, am liebsten mit französischen Karten.

Shirine Dajjani wird in Saudi-Arabien geboren, wächst später in Montreal auf. Heute lebt sie in der Schweiz. Seit kurzem hat sie einen roten Pass. Er kam mit der Post, eingeschrieben. Die Seiten fühlen sich neu und steif an. In arabischen Ländern, wo knapp die Hälfte der palästinensischen Vertriebenen lebt, schaffen es nur die wenigsten, einen jordanischen oder libanesischen Pass zu ergattern. Die meisten besitzen ihr Leben lang nur eine Identitätskarte, die sie als staatenlos bezeichnet.

Wie ist Shirine in die Schweiz gekommen? Was ist Heimat für sie? Ist es die Schweiz? Da, wo sie mit ihrem Schweizer Mann und ihrer kleinen Tochter lebt? Ja, meint Shirine, vielleicht – vielleicht auch nicht. Ihren kanadischen Pass hat sie behalten. Aber Shirine stellt sich darauf ein, in der Schweiz zu bleiben, ihre Tochter dort aufwachsen zu sehen, um ihr diese Fragen zu ersparen: Was ist dein Heimatland? Wo fühlst du dich zugehörig? Was ist deine Identität als Staatsbürgerin? Wer bist du eigentlich? Das Schicksal Shirines und all ihrer Verwandten ist das der Palästinenser:innen seit vier Generationen: ein Leben in der Diaspora.

Palästina wird 1922 nach dem Zerfall des Osmanischen Reichs Teil des britischen Verwaltungsgebiets. 1947 scheitert der Plan der Uno, das Mandatsgebiet Palästina in einen jüdischen und einen palästinensischen Staat zu teilen, weil sie die ansässige Bevölkerung nicht in den Entscheidungsprozess einbezieht. Als das britische Mandat am 14. Mai 1948 endet, ruft David Ben Gurion, Führer der zionistisch-sozialistischen Arbeiterpartei, noch am selben Tag den Staat Israel aus. Umgehend erklärt die palästinensische Nationalbewegung diese Staatsgründung zum Kriegsgrund, und die umliegenden arabischen Staaten schließen sich dieser Erklärung an. De facto ist aber die arabische Allianz nie in den Krieg eingetreten. Sie war zu schwach; ihre alten Waffen taugten nichts. Der Palästinakrieg von 1947 bis 1949 hat die Vertreibung von über 750 000 Palästinenser:innen zur Folge. Israel beansprucht die Gebiete der Vertriebenen für seine Bürger:innen, von denen viele während und nach dem Zweiten Weltkrieg eintreffen.

Shirines Großeltern kommen als Palästinenser unter britischer Mandatsherrschaft zur Welt. Die Familie ihres Vaters Bassam stammt aus Jaffa. Die Stadt existierte schon in der Antike und ist heute ein Stadtteil Tel Avivs. Die Familie von Shirines Mutter Haifa stammt aus Haifa. Ihr Name ist nur eine vage Reminiszenz an die verlorene Heimatstadt; der Name wird auf Arabisch »haifa« ausgesprochen, die Stadt »xej'fa«.

Beide Familien besitzen Land, das sie als Bauern bewirtschaften. Sie sind in bescheidenem Maß wohlhabend. Kurz nach der Staatsgründung von Israel müssen beide Familien ihre Häuser und ihr Land verlassen. Die israelische Armee weist sie an, alles zurückzulassen; es sei nur für kurze Zeit, sie würden bald zurückkehren.

Dazu sollte es nie kommen. Beide Familien verlieren alles und werden Flüchtlinge.

Shirines Großmutter Intissar ist vierzehn Jahre alt und mit Shirines Vater schwanger, als sie und ihr Mann Moussa 1948 in den Bus steigen, der ihre Deportation besiegelt. Sie werden nach Baalbek in Libanon gebracht und finden Zuflucht im Flüchtlingslager Wavel, das aus alten Militärbaracken aus der französischen Mandatszeit besteht. Intissar und Moussa haben im Frühjahr geheiratet, kurz vor *an-Nakba*, der Katastrophe, wie die Palästinenser die Staatsgründung Israels und den Palästinakrieg bezeichnen.

Das Lager wurde 1952 vom UNRWA, dem Hilfswerk der Vereinten Nationen für Palästinaflüchtlinge im Nahen Osten, übernommen. Es existiert bis heute. Auch an den Militärbaracken hat sich wenig verändert. Sie sind im Sommer schlecht zu belüften, im Winter eiskalt und deutlich überbelegt, wie die meisten Flüchtlingslager. 2018 beherbergt Wavel knapp zehntausend palästinensische Vertriebene und deren Nachkommen sowie Flüchtlinge aus Syrien. Im April 2020 wurden aus dem Lager die ersten Coronavirusinfektionen gemeldet. Generalkommissar des UN-Hilfswerks für Palästinaflüchtlinge im Nahen Osten (UNRWA) ist seit 2020 der Schweizer Philippe Lazzarini.

Intissar und Moussa haben wenig Geld. Das Paar kann sich keine Hebamme leisten. Intissar fährt für die Geburt zu ihren Eltern nach Damaskus; sie ist Syrerin und kann die Grenze passieren. Es ist keine einfache Zeit für die sehr junge hochschwangere Frau, die, noch nicht lange verheiratet, ihr neues Heim verloren hat und nun mit ihrem palästinensischen Mann in einem Flüchtlingslager lebt. So kommt Shirines Vater Bassam Ende 1948 in Damaskus im Haus der Urgroßeltern zur Welt. Kurze Zeit später kehrt Intissar mit dem Baby nach Wavel zurück. Dort sucht ein Anwerber aus Saudi-Arabien nach jungen, gut ausgebildeten Palästinensern. Er vermittelt Moussa einen Job bei der UNRWA, wo er für die Lebensmittelverteilung zuständig wird. Die junge Familie zieht nach Sidon (Saida) um. Als Moussa eine Gruppe Diebe entlarvt, die aus den Vorräten der UNRWA Lebensmittel entwendet und auf eigene Rechnung verkauft, explodiert wenig später eine Bombe unter seinem Wagen. Zum Glück wird niemand verletzt, aber die Warnung sitzt; Moussa will weg.

Shirines Großeltern mütterlicherseits, Kamel und Aisha, flüchten 1948 bei der Vertreibung mit ihren acht Kindern über die Grenze nach Libanon. Sie leben zunächst in einem kleinen Haus im Süden des Landes. Vor der Flucht war Kamel ein erfolgreicher Unternehmer, der mit Gemüse, Obst und Saatgut handelte. Auch seine jungen Mitarbeiter sind deportiert worden. Durch Zufall finden sich alle wieder bei Kamel ein, und er beschließt, das Glück neu in Beirut zu suchen. Er beginnt, mit libanesischen Bauern zusammenzuarbeiten, und baut seinen Obst- und Gemüsehandel neu auf. Ende 1951 kann Kamel dank der Ersparnisse und des neuen Geschäfts eine Wohnung in Beirut mieten. Aisha und Kamel sehen sich nicht mehr als Flüchtlinge. Am Haus erinnern zwar Einschusslöcher an den Bürgerkrieg, aber die Familie hat wieder ein neues Zuhause, und sie wächst noch mal. Im selben Jahr wird Haifa, Shirines Mutter, als jüngstes der Kinder in Beirut geboren.

Beide Familien bemühen sich, ihr Schicksal in die eigenen Hände zu nehmen, auf unterschiedliche Weise. Shirines Großvater Moussa verlässt die Familie. Ein Anwerber besorgte ihm ein Arbeitsvisum für Saudi-Arabien. Shirines Großmutter Intissar ist Anfang zwanzig und hat bereits sechs Kinder geboren, von denen vier überlebt haben. Moussa lässt sie und die Kinder in einer Wohnung in Beirut unter der Obhut seines Bruders zurück. Ab und an habe er noch Geld geschickt, erinnert sich Shirines Vater.

Rund fünf Millionen Menschen gelten als palästinensische Flüchtlinge, sind Nachfahren derjenigen, die vor und nach der Staatsgründung Israels vertrieben wurden. Etwa ein Drittel lebt in Flüchtlingslagern, die nun schon seit über siebzig Jahren von der UNRWA verwaltet werden. In arabischen Ländern sind die palästinensischen Flüchtlinge geduldet, aber nicht sehr geachtet. Einzig in Jordanien, dem Irak und Syrien bekommen Palästinenser Pässe beziehungsweise Identitätsdokumente. Dazu gehören auch die Arbeitsvisa, mit denen verschiedene Berufe ausgeübt werden können, sogar in der Verwaltung. Ohne diese Erlaubnis bleiben den Männern nur Jobs als Taxifahrer oder Kleinhändler, sofern sich kein privater Unternehmer um eine Arbeitsbewilligung für einen palästinensischen Flüchtling bemüht. Berufe wie Arzt, Anwalt, Ingenieur, Lehrer sind für Palästinenser tabu, unabhängig von aller Berufserfahrung vor der Staatsgründung Israels. Man fürchtet die Staatenlosen. Sie könnten Gebiete beanspruchen, um einen eigenen Staat zu gründen. Keinen Pass zu haben bedeutet nicht nur, nicht reisen zu können, sondern auch keine Bürgerrechte zu haben, beispielsweise um ein Haus zu kaufen.

Als in Libanon 1975 der Bürgerkrieg ausbricht, kommt es in den palästinensischen Flüchtlingslagern immer wieder zu Übergriffen, vornehmlich durch christlich-libanesische Milizen. Im Herbst 1982 etwa werden die palästinensischen Flüchtlingslager Sabra und Shatila im südlichen Stadtgebiet von Beirut von Milizen gestürmt, während israelische Soldaten die Lager umstellen. Sechsunddreißig Stunden dauern die Massaker an. Siebenhundert bis dreitausend Menschen, vor allem Frauen, Kinder und Ältere, werden ermordet. Sie werden vergewaltigt, gefoltert, verstümmelt. Die unfassbare Grausamkeit gegen die palästinensischen Flüchtlinge geht in die Geschichte ein.

Bemühungen um eine Lösung für die Palästinenser gibt es von Anfang an. Shirine ist Vorstandsmitglied der Gesellschaft Schweiz-Palästina (GSP), einem Verein zur Förderung der Freundschaft zwischen der Schweiz und Palästina, gegründet 1976. Seit 1957 gibt es die Gesellschaft Schweiz-Israel, ebenfalls ein Verein zur Förderung der Freundschaft, derjenigen zwischen der Schweiz und Israel. Im Jahr 2014 organisiert Shirine, von der GSP und anderen Organisationen unterstützt, eine Konferenz, bei der die Einstaatlösung für Israel und Palästina diskutiert wird. Es nehmen etwa gleich viele jüdische wie palästinensische Menschen teil.

Die Idee des einen demokratischen Staates ist nicht neu, gerät jedoch immer wieder in Vergessenheit. Auf dem Gebiet Israels, dem Westjordanland und dem Gazastreifen soll ein neuer Staat entstehen. Er soll einen neuen Namen bekommen; das ist wichtig. Und er soll von allen dort lebenden Bürger:innen gemeinsam demokratisch, föderalistisch, gleichberechtigt verwaltet werden. Die Idee kommt aus der ansässigen Bevölkerung, die es leid und müde ist, unter ständiger Bedrohung ihren Alltag zu fristen. Die Menschen streben eine Lösung an, die das ohnehin längst bestehende Zusammenleben entspannt und regelt. Die Vorteile aus israelischer Perspektive wären Frieden, Koexistenz und Akzeptanz durch die arabischen Nachbarn, Entspannung, ein größeres Staatsgebiet; die aus palästinensischer Rückkehr, Wiederbevölkerung ihrer leerstehenden Städte und Dörfer, wirtschaftliche Perspektiven.

Das so einleuchtende wie utopische Konzept steht der Zweistaatenlösung entgegen, an deren Verwirklichung sich alle Akteur:innen bisher die Zähne ausgebissen haben. Der Flickenteppich, der das heutige palästinensische Autonomiegebiet ausmacht, hat nicht das Potenzial, ein Gemeinschaftsgefühl aufkommen zu lassen.

Die Wohnung in Beirut ist bis heute von Shirines Familie gemietet. Die über den ganzen Globus verstreuten Familienmitglieder kommen immer wieder an diesen Ort zurück. Die Wohnung ist ein Treff- und Fixpunkt. Die Einschusslöcher gibt es immer noch.

In dieser Wohnung nimmt damals vieles seinen Anfang. Haifas Schwester Hayat kann schneidern. Sie näht aufwendige traditionelle Brautkleider für die Beiruter Gesellschaft. Haifa studiert Kunst an der Universität in Beirut. Sie ist ein Freigeist und eine leidenschaftliche Tänzerin, der Mittelpunkt vieler Feste.

Zur selben Zeit folgt Shirines Vater Bassam seinem Vater nach Saudi-Arabien. Bassam kann wie sein Vater gut mit Zahlen umgehen, hat Mathematik studiert. Saudi-Arabien braucht Arbeitskräfte und vergibt Arbeitsvisa an junge Palästinenser. Bassam findet Arbeit bei der Vertretung eines deutschen Autobauers.

Shirines Eltern, Haifa und Bassam, lernen sich in Saudi-Arabien bei einem Abendessen im Haus von Haifas älterer Schwester Fatima kennen, die mit ihrem Mann in Jeddah lebt. Haifa arbeitet zu diesem Zeitpunkt für Saudi Airlines in Beirut und liebt ihre Arbeit sehr. Sie verlängert ihren geplanten Aufenthalt um einen Monat. Als sie nach Beirut zurückkehrt, ist sie verlobt. Die Heirat von Haifa und Bassam findet in Beirut statt, wo auch Shirines ältere Schwester Nadine zur Welt kommt. Saudi-Arabien bietet jedoch bessere berufliche Chancen. So migriert die kleine Familie. Haifa muss jedoch feststellen, dass sie in Saudi-Arabien als Frau keinen Zugang zum Arbeitsmarkt hat, höchstens als Lehrerin oder Krankenschwester. Sie fühlt sich eingeschränkt und ist unglücklich. Shirine wird 1982 in Saudi-Arabien geboren. Kurz darauf entschließt sich die Familie zur Auswanderung nach Kanada. Kanada hat ein Quotensystem für Migranten und nimmt jährlich eine gewisse Anzahl Flüchtlinge auf. Haifa und Bassam verfügen über ausreichende Mittel, um als reguläre Einwanderer aufgenommen zu werden. In Montreal wird 1987 der kleine Basil geboren.

Nach der unbeschwerten Kindheit in Saudi-Arabien ist Kanada zunächst ein Schock für Shirine. In Saudi-Arabien hatte die Familie in einer Wohneinheit der Firma gewohnt. Vater Bassam hatte nebenbei mit Filmkopien gehandelt und träumte davon, sich in Kanada selbständig zu machen. Er will einen Textildruckladen gründen. Aufgrund seines Geschäftsvorhabens wird die Familie in Kanada aufgenommen. Doch in Montreal ist alles anders. Niemand hat auf Bassam gewartet, und die ganze Familie muss eine neue Sprache lernen. Den Eltern fällt die Integration schwer. Shirine wird kurz nach der Ankunft in Kanada eingeschult und versteht zunächst kein Wort. Der Textildruckladen hat keinen Erfolg, und der Vater findet keine Arbeit. Die Ehe der Eltern scheitert. Nach fünf Jahren kehrt Bassam nach Saudi-Arabien zurück.

Das Leben von Shirines Mutter Haifa ist von einem Auf und Ab geprägt. Sie wurde in Libanon als Flüchtling geboren. Als die Familie nach Beirut umziehen kann, hat sie die Chance zu studieren, ihre Träume zu verwirklichen, ein freies Leben zu führen. Durch ihre Heirat zieht Haifa erneut um und muss sich in einem neuen Leben einrichten. Sie erlebt Saudi-Arabien als ein Land, in dem Frauen wie Menschen zweiter Klasse behandelt werden. Sie ist die Einschränkungen nicht gewohnt und leidet unter der Unfreiheit. Als Bassam und Haifa nach Kanada auswandern, müssen sie sich völlig neu orientieren, in eine neue Kultur integrieren. Haifa ist zäh und beißt sich durch. Sie überwindet die Trennung von ihrem Mann und verzichtet auf eine Rückkehr nach Saudi-Arabien. Sie ist überzeugt, dass die Kinder in Kanada bessere Chancen haben und insbesondere die Mädchen ein freieres, selbstbestimmteres Leben führen können. Haifa hat Mühe mit der französischen Sprache. Trotzdem hat sie zwei Jobs, um sich und die Kinder über Wasser zu halten. Tagsüber arbeitet sie in einem Kleidergeschäft, abends kreiert sie Blumengestecke oder beliefert Anlässe mit ihrem Catering. Als sich das Leben in Montreal für Haifa und die Kinder endlich in mehr oder weniger geregelten Bahnen bewegt, kehrt der Vater zurück, was für die Familie nicht einfach ist. Haifa hat sich unter den palästinensischen Flüchtlingen in Montreal einen Freundeskreis aufgebaut und sie hält engen Kontakt zu Verwandten in der ganzen Welt.

Shirine studiert wie ihr Vater Mathematik, in Montreal. Sie macht 2005 ihren Master und wird von einem internationalen Konzern als Aktuarin angestellt. Das Unternehmen schickt sie zur Tochtergesellschaft auf den Kaimaninseln. Kurze Zeit später wird sie nach Puerto Rico versetzt. Dort lernt Shirine einen Schweizer Ingenieur kennen, der auf Geschäftsreise ist. Bald lässt sich Shirine erneut versetzen und landet bei der Niederlassung in Martigny, wo sie sich in die Region am Genfersee verliebt. Ihr zukünftiger Mann arbeitet jedoch in Zürich. So wechselt Shirine schließlich an den Zürichsee. Die beiden heiraten 2014. 2016 kommt die kleine Noura zur Welt.

Wie alle in ihrer Familie hat Shirine früh gelernt, dass Heimat ein vager Begriff ist. Sie spricht vier Sprachen, hat zwei Pässe, aber welches ist ihr Land? Vielleicht hat sie, auch durch die Geburt ihres Kindes, in der Schweiz Wurzeln geschlagen. Aber was wäre, wenn sich die Idee des einen demokratischen Staates durchsetzte? Würde Shirine mit ihrer Familie auswandern? Mithelfen, diesen Staat aufzubauen? Zurückkehren zu ihren Wurzeln? Und worin liegen diese Wurzeln? Vielleicht in der arabischen Musik, die Shirine ihrer Tochter vorspielt, um ihr ihre Herkunft zu vermitteln? Oder in ihrem palästinensischen Nachnamen, den sie behalten hat? Oder ist Heimat die Gemeinschaft dieser palästinensischen Familie, verstreut über die ganze Welt, die bei ihren Treffen tagelang Tarneeb spielt?

Ehre und Scham

In konservativen muslimischen Kreisen ist der Zweck der Ehe nicht die Erfüllung von Liebe. Dort wächst eine Frau damit auf, dass sie der Familie Ehre macht, wenn sie sich mit einem möglichst wohlhabenden und angesehenen Mann verheiratet, den die Familie für sie ausgesucht hat, und mit diesem Kinder bekommt. Das ist ihre Aufgabe. Seine Aufgabe ist es, für sie zu sorgen, es ihr an nichts fehlen zu lassen, alle Sorgen und Nöte von ihr fernzuhalten. Liebe ist dabei keine Voraussetzung. Bei einer arrangierten Ehe geht es um Familie, Status, Ehre. Als Ehefrau wird das Mädchen zu einer respektablen Frau. Das ist ihr größter Erfolg.

Das Paar kannte sich vor der Hochzeit vielleicht nicht. Es sind keine oder noch keine Gefühle da. Die ehelichen Pflichten sollen aber vollzogen werden, auch wenn das die Frau lieber nicht möchte. Aus freiheitlicher Sicht wird die Frau Opfer von sexuellen Übergriffen. Die Vermittlung dieser Sichtweise kann dazu führen, dass sich die Frau nicht mehr respektabel, sondern erniedrigt fühlt. Sie wird von der geachteten Ehefrau zum Vergewaltigungsopfer. Vielleicht fühlte sie sich nicht als Opfer. Sie möchte sich nicht für den ehelichen Umgang, den sie erlebt und als richtig angesehen hat, beschämt fühlen müssen. Die Erkenntnis, ungewollten Sex in Europa nicht erdulden zu müssen, kann aber auch erlösend sein. Endlich findet die Frau den nötigen Rückhalt, Nein sagen zu können. Ihr wird vielleicht zum ersten Mal im Leben Verständnis dafür entgegengebracht, ungewollten Sex als belastend zu empfinden.

Frauenrechte

In der Schweiz ist es seit Herbst 2021 gleichgeschlechtlichen, verheirateten Paaren möglich, Kinder zu adoptieren, beziehungsweise lesbischen Eheleuten, mittels Samenspende ein Kind zu bekommen. Die frisch eingebürgerte Schweizerin mit afrikanischen Wurzeln stimmte gegen die Vorlage, weil ihr das Thema peinlich ist. Im Islam ist Homosexualität tabuisiert, wird totgeschwiegen. Woher sollte sie eine andere Haltung haben? Trotzdem bin ich erstaunt. Warum gehe ich davon aus, dass die Migrantin, die jetzt in selbstbestimmter Freiheit lebt, Verständnis für die Bedürfnisse ihrer lesbischen und homosexuellen Mitbürger:innen hat?

In ihrem Buch *Beute* spricht Aylaan Hirsi Ali von der Gefahr, die von der Zuwanderung muslimischer Männer auf die europäischen Frauenrechte ausgehe. Die somalische Autorin untersucht Situationen, in denen das Fehlverhalten muslimischer Männer gegenüber Frauen im öffentlichen Raum zu Trennungen der Geschlechter führt. Es könne nicht angehen, schreibt Hirsi Ali, dass ein Schwimmbad zu gewissen Zeiten nur Frauen zulasse, um sie vor dem schlechten Benehmen Asylsuchender zu schützen. Besser sei, muslimische Männer, die Frauen in Bikinis anstarrten und sogar begrapschten, zu ermahnen und gegebenenfalls des Schwimmbads zu verweisen. Trennung der Geschlechter sei keine Lösung, sondern ein Einknicken gegenüber Frauenfeindlichkeit auf Kosten der Freiheit in Europa.

Raza, Schweiz, 2022

Raza, Irak

In zwei Welten

Wir lernten uns 2019 bei einem Fotoshooting kennen. Als Raza für eine Aufnahme einen anderen Schleier tragen soll, erklärt sie mir, dass ihre Haare und das enganliegende Tuch, das sie unter dem Schleier trägt, unter freiem Himmel nicht zu sehen sein dürfen. Das habe mit ihrem Glauben zu tun; sie ist Shiitin. Der Schleierwechsel gelingt mit einigen Verrenkungen. Im Sommer 2021 sehen wir uns wieder. Inzwischen ist Raza verheiratet, arbeitet als Seniorenbetreuerin und freut sich, dass ich mich für ihre Fluchtgeschichte interessiere. Das letzte Mal, dass sie danach gefragt worden sei, war von ihren Schulkamerad:innen in der zweiten Klasse.

»Bei einer muslimischen Heirat im Irak muss die Familie der Braut nicht für eine Mitgift sorgen«, sagt Raza, die vor kurzem in der Schweiz geheiratet hat. Es sei umgekehrt. Der Bräutigam übergebe der Braut bei der Verlobung eine größere Summe Geld, mit der sie sich ein Hochzeitskleid kaufen und das Fest vorbereiten könne. Ein zweiter, noch größerer Betrag werde nach der Hochzeit fällig. Das Geld bezahle der Mann oder die Familie des Mannes in die gemeinsame Kasse des Paares. Es stehe jedoch der Frau als Sicherheit bei einer Scheidung zu, auch wenn sie sich vom Mann scheiden ließe.

Raza und Ziad sind seit einem knappen Jahr verheiratet. Im letzten Sommer haben sie in Bagdad mit der Familie ein großes Fest gefeiert.

Raza wurde 1996 in Bagdad geboren und ist im Alter von zweieinhalb Jahren geflüchtet, auf dem Arm ihrer Mutter, die noch lange über Schulterbeschwerden klagte. Sie möge aber nicht mehr über die Flucht und die Wirren danach bis zur endgültigen Niederlassung in der Schweiz sprechen. Raza macht die Handbewegung nach, mit der ihre Mutter das Thema verwedelt.

Mit der Machtübernahme von Saddam Hussein 1979 verschlimmert sich im Irak das Schreckensregime der sunnitischen Baath-Partei. Die Menschenrechtslage verschlechtert sich in der Folge drastisch. Im Jahr 1980 greift der Irak den Nachbarstaat Iran an. In diesem Ersten Golfkrieg werden chemische Kampfstoffe eingesetzt. Schätzungsweise kommen 250 000 Iraker:innen ums Leben. 1990 annektiert Hussein das südlich gelegene Kuwait. 1991 wird er im Zweiten Golfkrieg von internationalen Truppen unter der Führung der USA wieder aus Kuwait vertrieben. Durch die Kampfhandlungen der westlichen Verbündeten sterben im Südirak zahlreiche irakische Soldaten und Zivilisten. Durch Alliiertengeschosse mit angereichertem Uran entstehen Umweltschäden. Unter den in der Folge des Krieges verhängten Uno-Sanktionen leidet vor allem die einfache Bevölkerung im Irak, die immer mehr verarmt. Im selben Jahr wird der Aufstand irakischer Schiiten gegen das Regime von Husseins Truppen blutig niedergeschlagen; die Führungselite besteht nur aus Sunniten. Schätzungen gehen von 300 000 Toten aus. Saddam Hussein terrorisiert gezielt die Zivilbevölkerung in schiitischen Städten im Südirak. Nach seinem Sturz werden Massengräber getöteter irakischer Schiit:innen gefunden.

1997 beginnt Razas Vater, der als Fahrer arbeitet, zu fürchten, ins Fadenkreuz von Saddam Husseins Häschern geraten zu sein. Vielleicht hatte er mit den »falschen« Leuten Kontakt. Verwandte in Schweden schwärmen vom besseren Leben in Europa, einem Leben in Sicherheit, ohne die ständige Angst, angefeindet, willkürlich verhaftet, gefoltert zu werden oder im Gefängnis zu verschwinden. Anfang 1998 entschließt sich Razas Vater, sich auf den Weg Richtung Europa zu machen, um die Flucht der Familie zu organisieren. Mit einem Schlepper gelangt er über die Grenze in die Türkei. Kaum angekommen, schickt er den Schlepper zurück, um die Familie nachzuholen. Die Mutter packt in Bagdad das wenige zusammen, das sie und die Kinder tragen können, und schleicht sich nachts mit ihnen aus dem Haus. Der Schlepper nimmt noch eine weitere irakische Fluchtfamilie mit. Die Ausreise aus dem Irak ist illegal; wer flüchtet, macht sich verdächtig. Wer kann, verlässt das Land. Vielen gelingt das nicht. Bis heute leben im Irak Binnenflüchtlinge in improvisierten Lagern.

Der Schlepper begleitet die beiden Familien den ganzen Weg in die Türkei. Sie sind ihm ausgeliefert; er ist ihre ganze Hoffnung. Nur er kennt die Strecke, die geheimen Schleichwege, Unterschlupfe. Er besorgt Essen und Trinken, übergibt Schmiergelder an Polizisten und Dorfälteste. Die Gruppe ist praktisch auf dem ganzen Weg zu Fuß unterwegs, und immer nur nachts. Tagsüber versteckt sie sich in Häusern, Scheunen, später im bergigen Hochland. Raza kann sich nicht daran erinnern. Ihre älteren Geschwister haben ihr von dieser ersten Fluchtetappe erzählt, auch davon, wie sie mit den anderen flüchtenden Kindern spielten.

In der Türkei wartet der Vater voller Sorge. Endlich erreicht die Familie die Grenze. In der Türkei verstecken sie sich in einem leerstehenden Haus, das der Vater ausgekundschaftet hat. Es steht in einer ländlichen Gegend; niemand scheint sich darum zu kümmern. Raza und ihre Geschwister, aber auch ihre Mutter können das Haus tagsüber nicht und nachts nur vorsichtig verlassen. Sie dürfen keinen Lärm, kein Licht machen. Der Vater schleicht sich aus dem Haus, um als Tagelöhner Geld für den Unterhalt der Familie zu verdienen. Vier Jahre leben sie in der Türkei. Razas kleiner Bruder wird geboren. Sie nennen ihn bis heute scherzhaft den »Türken«.

Eines Tages steht der Hauseigentümer vor der Tür. Der Vater ist bei der Arbeit, so fasst sich Razas Mutter ein Herz. Sie erklärt dem Mann mit Händen und Füßen ihre Situation. Er hat ein Einsehen und ist einverstanden, die Familie weiter im Haus wohnen zu lassen. Ab da können sie sich auch tagsüber vor dem Haus zeigen. Dadurch werden die Nachbarn auf die Flüchtlinge aufmerksam und versorgen die Familie mit Lebensmitteln, die Kinder mit Spielsachen. Auf dem Dorf, sagt Raza, seien die Menschen hilfsbereit gewesen. Es sei eine gute, friedliche Zeit gewesen. Die Familie versucht, in der Türkei das Aufenthaltsrecht zu bekommen. Weil sie illegal eingereist sind, wird die Bewilligung verweigert. Die Eltern stehen vor der Entscheidung, weiter ein Leben in der Illegalität zu führen, das es den Kindern verunmöglicht, die Schule zu besuchen, oder aber die Flucht fortzusetzen. Sie entscheiden sich zu gehen. Es ist das Jahr 2002. Raza ist knapp sieben Jahre alt.

In Istanbul sucht der Vater Kontakt zu Scheppern. Als Ziel hat er Schweden. Er findet eine Schleuserorganisation, welche die Weiterreise nach Griechenland anbietet, und wird handelseinig. Wieder wird eine größere Anzahl Flüchtender zusammengefasst, darunter auch eine andere irakische Familie. Auf der Route teilen sich die Flüchtenden in Grüppchen auf, um das Risiko zu minimieren, entdeckt zu werden. Plötzlich ist Razas ältere Schwester nicht mehr da. Vater und Mutter sind verzweifelt; die Mutter weint haltlos. Nach einer kurzen Suchaktion müssen sie weiter; die Schlepper treiben zur Eile. Die Gefahr, entdeckt zu werden, ist zu groß. Das Mädchen bleibt verschwunden.

An der türkischen Küste treffen die Gruppen wieder zusammen. Auch die andere irakische Familie, mit der sie seit Istanbul geflüchtet sind, kommt an. Und da ist Razas ältere Schwester bei ihnen und war die ganze Zeit in Sicherheit. Die Erleichterung ist riesengroß.

Als die Flüchtlinge am Meer ankommen, übergeben ihnen die Schlepper ein Schlauchboot und verschwinden. Das Boot ist nicht aufgepumpt. »Meine einzige Erinnerung an unsere Flucht sind die Männer, die dieses Schlauchboot aufblasen. Jeder pustete hinein, bis er nicht mehr konnte und vom Nächsten abgelöst wurde. Sie brauchten endlos lange, die ganze Nacht. Es war unheimlich. Ein grotesker Anblick. Am frühen Morgen war das Boot endlich, endlich mit Luft gefüllt. Wir konnten nach Griechenland übersetzen.«

Wie sie nach Athen gelangen, weiß Raza nicht genau. In Athen sucht sich der Vater Arbeit, illegal, um seine Familie zu versorgen und das Geld für die nächste Fluchtetappe zu beschaffen. Schlepper verkaufen ihm gefälschte ägyptische Pässe. Mit den Pässen reist die siebenköpfige Familie unbehelligt von Athen nach Italien und von dort in die Schweiz. Die Einreise verläuft problemlos. Die sichere Flucht, wie sie dank der ägyptischen Pässe möglich ist, hat die letzten Geldreserven verschlungen. An eine Weiterreise nach Schweden ist nicht zu denken.

Nach ihrer Ankunft 2003 melden sich Razas Eltern bei den zuständigen Schweizer Asylbehörden. Die Familie wird im Aufnahmezentrum Vallorbe im Kanton Waadt untergebracht und kurz darauf nach Schluein in den Kanton Graubünden verlegt. Die Kinder besuchen die Schule des Asylzentrums. Raza absolviert dort die erste und zweite Klasse. 2005 zieht die Familie um. Ihr ist eine Wohnung in Thusis zugewiesen worden. Raza wird in Thusis eingeschult und findet Freundinnen, die von ihrem schönen langen Haar begeistert sind. Die ältere Schwester, die bereits das Kopftuch trägt, hat mehr Mühe, akzeptiert zu werden; einmal wird sie sogar angespuckt. Zu dieser Zeit ist in der Schweiz die Diskussion im Gange, ob man Kopftuchträgerinnen befreien oder ihre Wahl akzeptieren müsse. Razas Vater bemüht sich, eine Stelle als Chauffeur zu finden, doch niemand will ihn einstellen. Er hat Schwierigkeiten mit der neuen Sprache. Auch mit dem Asylantrag geht es nicht vorwärts.

Im März 2007 heißt es plötzlich Aufbruch. Die Eltern entscheiden, dass sie ihr Glück doch in Schweden suchen wollen. Die

Familie fährt mit einem Auto über die Grenze nach Deutschland. Eigentlich dürften sie während des Asylverfahrens die Schweiz nicht verlassen. Sie benutzen Nebenstraßen, um nicht aufgehalten zu werden. Als sie Mittelschweden erreichen, werden sie von ihren irakischen Verwandten herzlich aufgenommen. Razas Eltern beantragen Asyl in Schweden. Beim Abgleich der Fingerabdrücke wird festgestellt, dass Razas Vater bereits in Griechenland registriert ist. Schweden will die Familie gemäß geltendem Schengen-Abkommen ins europäische Ankunftsland zurückschicken. Ihnen werden Tickets für den Flug nach Athen ausgestellt. Inzwischen sind sieben Monate vergangen. Der Vater hat erfahren, dass Migrant:innen in der Schweiz ein neues Asylverfahren starten können, wenn sie sechs Monate außerhalb des Landes gelebt haben. Nach sechs Monaten würden alle Daten voriger Anträge gelöscht. Neue Hoffnung keimt auf.

Anstatt mit dem Flugzeug nach Athen fährt die Familie mit dem Auto illegal zurück in die Schweiz. An der Schweizer Grenze geben sie sich als Flüchtlinge aus dem Irak zu erkennen und werden ins Empfangszentrum Kreuzlingen gebracht. Sie bleiben zwei Tage, werden nach Aarau verlegt, wo sie vier Monate unterkommen. Die Kinder werden wieder eingeschult. Im neuen Asylverfahren legen die Eltern alles über ihre Flucht offen, auch die illegale Einreise in die Schweiz mit den ägyptischen Pässen. Es kommen weitere Stationen in Aufnahmezentren, erst in Untersiggenthal, dann in Turgi dazu. Anfang März 2008 bekommt die Familie den Asylstatus F, gilt als vorläufig aufgenommen.

Razas Geschwister beginnen ihre Ausbildungen in Lehrbetrieben. Das Leben nimmt seinen Gang. Raza kommt in die Oberstufe, schließt 2011 ab und absolviert eine Lehre als Dentalassistentin. Nachdem sie im Lehrbetrieb nicht übernommen wird, sucht sie ein Jahr lang vergeblich eine Stelle. Schließlich macht Raza beim Schweizerischen Roten Kreuz eine Ausbildung als Seniorenpflegerin. Seit 2016 ist sie bei einem ambulanten Pflegedienst angestellt, bei dem sie sechs Tage in der Woche arbeitet und von ihren Patient:innen sehr geschätzt wird.

Seit Raza zehn oder elf Jahre alt ist, trägt sie das Kopftuch. Als sie nach den Sommerferien in der dritten Klasse mit dem Kopftuch zum Unterricht zurückkehrt, wundern sich ihre Freundinnen und vermissen ihre langen Haare. Raza erzählt ihnen von ihrer islamischen Religion, dass ihre Mutter und die älteren Schwestern auch alle ein Kopftuch trügen. Die Religion sei in der Familie eine Selbstverständlichkeit.

Raza bezeichnet sich als gläubige Muslima. Sie bete, spende an Bedürftige, halte Zwiegespräch mit Allah und fände es schwierig, wenn ihr Mann Ziad nicht auch gläubig wäre. Raza und Ziad haben sich gefunden, weil eine Freundin insistierte, dass sie gut zusammenpassen würden. Beide waren anfangs zurückhaltend. Ziad kommt ebenfalls aus dem Irak, lebt heute in der Westschweiz.

Raza wird ihrem Mann folgen. Sie arbeitet daran, ihr Französisch zu verbessern. Noch ein Jahr muss sie in ihrer jetzigen Gemeinde wohnen bleiben, um den Ausländerausweis C zu bekommen. Voraussetzung ist, dass sie fünf Jahre ohne Sozialhilfebezüge ausgekommen ist. Im Jahr nach der Lehre, als sie keine Stelle fand und sich weiterbildete, hat sie Beiträge erhalten.

Die älteren Schwestern von Raza sind längst verheiratet und inzwischen Mütter geworden. Razas Brüder arbeiten, wie der Vater früher, im Transportwesen. Der Vater ist im Rentenalter; Arbeit hat er in der Schweiz keine mehr gefunden. Manchmal hadert er mit seinem Schicksal. Hat er alles richtig gemacht? War die Schweiz das richtige Land, um Asyl zu beantragen? Hätte er in Deutschland bessere Chancen gehabt? Seine Töchter und Söhne versuchen, ihm diese Gedanken auszureden. Sie finden, dass ihr Vater stolz auf sich sein kann. Er hat ihnen dieses Leben ermöglicht. Alle haben eine Ausbildung machen können, haben ihr Glück gefunden. Raza lacht. »Hier haben sogar wir Mädchen Autofahren gelernt. Wer weiß, ob das in Bagdad möglich oder erlaubt gewesen wäre.«

Shahinaz Bilal mit einem ihrer Gerichte, Ostschweiz, 2022

Shahinaz Bilal, Kurdistan

Von Aleppo in die Ostschweiz

Die Medien sind auf sie aufmerksam geworden, weil sie auf Instagram über 50 000 Followers aus aller Welt hat, die sich für ihre Rezepte begeistern. Ich treffe Shahinaz Bilal in der Ostschweiz.

Seit 2015 wohnt Shahinaz Bilal mit ihrer Familie in der Schweiz. Die Kurdin ist mit ihrem Mann und vier ihrer sechs Kinder vor dem Bürgerkrieg in Syrien geflüchtet. Seither besucht das Paar den Deutschkurs – regelmäßig und pünktlich, wie sie lachend sagt.

Klick, gesendet. Das syrische Gericht steht fertiggekocht und schön dekoriert auf dem Küchentisch, ist mit dem Handy fotografiert und schon auf dem Instagram-Account von Shahinaz Bilal zu sehen. Seit mehr als zwei Jahren teilt Shahinaz Fotos ihrer Gerichte und begeistert damit eine immer größere Community. Die einen freuen sich, weil ihnen Shahinaz mit ihren Gerichten ein Stück Heimat vermittelt, andere sind fasziniert von der syrischen Essenskultur, wo die Präsentation der Speisen eine wichtige Rolle spielt. Shahinaz lernte die Rezepte von ihrer Mutter, kreiert, entdeckt und probiert immer wieder neue aus. Sie kocht leidenschaftlich gern. Der Zeitaufwand sei groß, meint sie, weil alles frisch und vieles aufwendig zubereitet werde. Die Zutaten hingegen seien kein Problem. Shahinaz findet sie in den Läden rund um ihr Zuhause in der Nähe von Frauenfeld. Notfalls gehe sie in den Türkenladen, sagt sie.

Shahinaz stammt aus der kurdischen Stadt Afrin und ist im Alter von acht Jahren mit ihren Eltern nach Aleppo geflüchtet. Ihr Mann Mustafa kommt aus Kobane, einer vorwiegend von Kurden bewohnten Stadt nahe der türkischen Grenze. Kobane war auch die Heimat des vor Bodum ertrunkenen Flüchtlingsjungen Aylan Kurdi, dessen Bild um die Welt ging und auf das Schicksal der Flüchtlinge aufmerksam machte.

Shahinaz und ihre Familie führen ein gutes Leben in Syrien. Mustafa ist Zahnarzt und betreibt in Aleppo eine große eigene Praxis mit angegliedertem Labor zur Herstellung von Implantaten. Shahinaz kümmert sich um die Kinder und den Haushalt. Die Sommermonate verbringt die Familie im Ferienhaus in den kühleren Bergen. Auch da hat Mustafa eine Praxis.

Als 2012 die syrischen Regierungstruppen immer größere Verluste hinnehmen müssen und die Wirtschaftsmetropole Aleppo bedroht ist, flüchtet die Familie in den Irak. Geplant ist ein kurzer Aufenthalt. Mustafa ist sicher, dass die Kampfhandlungen rasch beendet sein werden. Es kommt anders. Syrien wird zum Schauplatz kriegerischer Auseinandersetzung verschiedenster Interessengruppen. Die Bombenangriffe nehmen zu. So sieht sich die Familie gezwungen, zu bleiben.

Die Zitadelle in Erbil, der Hauptstadt der Autonomen Region Kurdistan im Irak, ist laut Unesco einer der ältesten durchgängig bewohnten Orte der Welt. Mustafa baut in Erbil eine neue Zahnarztpraxis auf. Die Kinder werden im Irak eingeschult. Das Leben geht weiter.

Doch der Krieg breitet sich aus. Als in der Nähe des neuen Zuhauses und der Schule der Kinder zum dritten Mal Bomben einschlagen, entscheidet sich Mustafa zur erneuten Flucht. Die älteste Tochter ist zu diesem Zeitpunkt bereits verheiratet und lebt in Dubai. Die Zweitälteste, die Zahnmedizin studiert, will in Erbil bleiben, um ihr letztes Studienjahr zu beenden. Sie ist später nach Syrien zurückgekehrt, hat dort geheiratet, musste jedoch erneut vor dem Bürgerkrieg fliehen. Heute lebt sie mit deutschem Pass in Deutschland und arbeitet als Zahnärztin.

Mustafa und Shahinaz machen sich mit den vier Söhnen auf den Weg. Ziel ist die Schweiz, die der Zahnmediziner von Geschäftsreisen kennt. Vielleicht war das ein Fehler, glaubt Mustafa heute. In Deutschland wäre es vielleicht einfacher gewesen, wieder als Zahnarzt arbeiten zu können. Die Flucht finanziert die Familie aus Ersparnissen. Die Route führt über Griechenland. Sie sind zu Fuß, mit dem Boot nach Lesbos und später mit Bussen unterwegs. Nur fünf Wochen dauert die Flucht – selbst für die im Jahr 2015 noch offenen Fluchtrouten eine Rekordzeit. Schließlich landet die Familie im Asylempfangszentrum Kreuzlingen. Sie wird nach Weinfelden transferiert und bekommt nach eineinhalb Monaten die Wohnung, in der sie bis heute lebt. Inzwischen wohnen nur noch die beiden jüngsten Söhne bei den Eltern. Der älteste ist ebenfalls Zahnarzt geworden, der zweiälteste arbeitet als IT-Spezialist. Beide sind nach Erbil in den Irak zurückgekehrt. Die beiden jüngeren Söhne schließen ihre Ausbildung in der Schweiz ab – der eine studiert Architektur, der andere macht eine Lehre als Automechaniker.

Kaum in der Schweiz angekommen, bewirbt sich Mustafa um eine Stelle als Zahnarzt. In seiner Heimat war er eine Kapazität, seine Praxis hatte einen guten Namen. Er muss Absage um Absage entgegennehmen. Kollegen, die nach Deutschland geflüchtet sind, können längst wieder arbeiten. Mustafa versteht nicht, warum das ihm in der Schweiz nicht gelingt.

Heute geben die Deutschkurse dem Leben von Shahinaz und ihrem Mann eine Struktur. Sie besuchen sie mindestens zweimal in der Woche. Beide sprechen ein ausgezeichnetes Deutsch. Wissen und Bildung ist für sie selbstverständlich. Shahinaz sagt, das syrische Schulsystem sei sehr gut gewesen. Die staatlichen Schulen und Universitäten in Syrien waren für alle zugänglich, wenn man den entsprechenden Notendurchschnitt gehabt habe. Bildung sei gefördert worden.

In Syrien haben sie oft und gerne Gäste eingeladen. Diese Tradition führt Shahinaz in der Schweiz fort. Zu den Freund:innen der Familie zählen Schweizer:innen und Migrant:innen aus verschiedenen Ländern. Dass syrisches Essen aufwendiger sei, will Shahinaz nicht gelten lassen. Längst kocht sie auch europäische Rezepte – und macht immer alles selbst, vom Pizza- und Pastateig bis zu Suppen, Soßen, Salaten. Sie träumt davon, ihre Rezepte als Kochbuch zu veröffentlichen. »Ich hoffe, dass wir bald als Flüchtlinge anerkannt werden und nicht mehr nur vorläufig aufgenommen sind. Dann könnten wir reisen und unsere Enkel in Deutschland besuchen.«

Shahrazed, Afghanistan

Verkauft für fünf Millionen Toman

Sie wirkt wie ein unbeschwerter Teenager, wie man sie überall in Europa trifft: trendige Turnschuhe, schwarze Klamotten, auf der Suche nach Orten, wo was los ist. Zweieinhalb Stunden später bin ich sprachlos vor Entsetzen.

Am Straßenrand, wo sie die Frau findet, ist nicht klar, ob das weinende Mädchen bewusst zurückgelassen wurde oder verlorenging. Es muss schnell gehen. Die Familie ist auf der Flucht vor den Taliban. Die Frau nimmt das zwei, drei Jahre alte Kind kurzerhand auf den Arm und rennt mit ihm ihrem Mann und den beiden Söhnen nach. Es ist Mitte der neunziger Jahre. Die Familie flieht aus Afghanistan nach Iran und lässt sich bei Verwandten am Rand der Wüstenstadt Qom nieder, in einem kleinen Gehöft, das aus zwei Räumen besteht, die sie sich zu siebt mit Tieren teilen.

Dass sie nicht zur Familie gehört, erfährt Shahrazed zufällig, als sie zwölf Jahre alt ist. Sie hat sich immer gewundert, warum sie ihre beiden großen Brüder so oft hänseln, sie auslachen und schlagen. Männer dürften alles, sagt die Mutter. Die Brüder schlagen auch den kränkelnden Vater, der sich nicht mehr durchsetzen kann. Er ist alt, viel älter als die Mutter. So übernehmen die Brüder das Kommando in der Familie. Shahrazed muss ihnen stundenlang mit einem Wedel kühle Luft zufächeln, weil es keinen Strom für einen Ventilator gibt. Sie hilft im Garten, geht mit der Mutter bei anderen

Leuten putzen, um für die Familie ein Einkommen zu sichern. Seit Shahrazed weiß, dass sie auf der Straße gefunden wurde, ist ihr klar, warum ihre jüngere Schwester nicht wie sie arbeiten muss.

Sieben Jahre geht Shahrazed zur Schule, bis es ihr von den Brüdern verboten wird. Sie verlangen, dass die ungeliebte Schwester einen Beruf erlerne, um die Familie finanziell besser zu unterstützen. Shahrazed lernt Schneiderin. Als sie eines Tages von der Arbeit nach Hause kommt, sind Geschenke im Zimmer ausgelegt, schmale Goldreife, Kleider. Sie erfährt, dass sie der ältere Bruder verheiratet hat. Ihr Zukünftiger hat fünf Millionen Toman, umgerechnet dreihundertfünfzig Euro, für sie hingeblättert. Das ist nichts. Shahrazed ist vierzehn. Der Vater ist vor einiger Zeit gestorben. Die Mutter kann sich nicht für sie einsetzen. Frauen dürfen nichts.

Es folgt eine kurze Verlobungszeit, während der Shahrazed ihren Mann zum ersten Mal sieht. Er ist doppelt so alt wie sie. Shahrazed weiß nicht, was auf sie zukommt. Sie denkt, dass Verheiratetsein bedeutet, dass ein Mann und eine Frau zusammen in einem Haus wohnen. Als sie vor zwei Jahren ihre Periode bekommen hat, hat sie das verheimlicht, als ihre Brüste wuchsen, ebenfalls. Sie traute sich nicht, ihre Mutter danach zu fragen. Aber sie ahnte, dass es eine Sache sein musste, über die man am besten schweigt.

Der Hochzeitstag ist da. Shahrazed wird in einem Schönheitssalon geschminkt und in ein Kleid gesteckt, das dem zierlichen Mädchen viel zu groß und zu weit ist. In der Nacht, die auf die Hochzeit folgt, versteht sie nicht, was der Mann da unten zwischen ihren Beinen sucht, und wendet sich angewidert ab. Er schreit sie an, schlägt und vergewaltigt sie schließlich. Sie hat Schmerzen, die bleiben, weil sich das Unverständliche Nacht für Nacht wiederholt. Sie versucht ihre Tränen zu verstecken, um nicht noch mehr geschlagen zu werden.

Shahrazed kann kaum gehen, ihr Unterleib schmerzt höllisch, sie blutet. Jetzt sind es nicht mehr die Brüder, die sie schlagen und anschreien, jetzt sind es neben ihrem Mann auch noch dessen Mutter und dessen Brüder. Wenn sie einen Moment ausruht, versucht, ihrem geschundenen Kinderkörper eine Pause zu gönnen, ist die Schwiegermutter schon zur Stelle, schimpft sie einen faulen Nichtsnutz, schlägt sie mit der Hand, mit Schuhen und Stöcken. Shahrazed ist die jüngste Schwiegertochter im Haushalt und deshalb dafür zuständig, alle anderen zu bedienen, ihre Schwägerinnen eingeschlossen, dazu auch Gäste, die auf der Flucht aus Afghanistan nach Iran kommen. Die Vierzehnjährige kocht, putzt und wäscht für zwölf Personen und hofft, dass ihr Mann zu bekifft nach Hause kommt und sie nachts in Ruhe lässt. Das passiert selten. Sie wird bald schwanger. Die Schwiegermutter schlägt sie weiterhin.

Shahrazed besitzt kein eigenes Geld, hat alle Rechte verloren. Sie darf nicht ohne männliche Begleitung vor die Tür. »Eine Frau geht in einem weißen Hochzeitskleid ins Haus ihres Mannes hinein und kommt im weißen Tuch für die Beerdigung wieder heraus. Das wurde mir gesagt. Ich habe es nicht hinterfragt. Ich spürte nur, dass ich dieses Leiden kaum aushielt und ständig weinen musste.«

Wenn sie mit ihrem Mann einkaufen geht, trägt sie einen schwarzen Tschador wie in Iran üblich. Ihren schwangeren Bauch muss Shahrazed verbergen; das gehört sich so. Shahrazed trägt größere Tschadors, damit ihre Schwangerschaft in der Öffentlichkeit nicht sichtbar ist, und geht gebeugt. Jeder Hinweis auf Körperlichkeit ist verpönt.

Fünfzehnjährig wird sie Mutter. Die Geburt ist eine Tortur, weil ihr Körper kaum ausgewachsen ist und das Kind in Steißlage geboren wird. Aber Shahrazed freut sich; jetzt ist sie nicht mehr allein. Als sie das erste Mal wieder einkaufen gehen darf, hätte sie für sich gern Früchte gehabt. Dieser Wunsch wird ihr von einer empörten Schwiegermutter abgeschlagen. Wofür hält sie sich? Wieso will sie etwas Besonderes? Alle essen dasselbe, wie kann sie nur so undankbar, so verwöhnt sein. Und wieder saust der Stock auf Shahrazed nieder.

Shahrazed schickt sich in ihr Schicksal, gehorcht und weint. Sie versorgt ihr Baby. Immerhin hat sie einen Sohn geboren. Ihr wird trotzdem keine Pause gegönnt, kaum Mutter geworden, muss sie weiter für die zwölf Mitglieder den Haushalt machen. Sie wäscht die ganze Wäsche von Hand. Ihr Mann schlägt und vergewaltigt sie regelmäßig. Shahrazed beobachtet mit Sorge, dass er immer mehr Drogen nimmt und gewalttätiger wird. Was er nimmt, weiß sie nicht, vermutlich Heroin. Wovon er lebt, weiß sie auch nicht. Die Männer bleiben unter sich. Sie vermutet, dass ihr Mann mit Drogen handelt.

Ihr Schwager ist auf Shahrazeds jüngere Schwester aufmerksam geworden. Er verlangt von Shahrazed, dass sie für ihn ein gutes Wort einlege. Doch Shahrazed warnt die Schwester. Diese will nicht hören. Sie will Shahrazeds Schwager heiraten. Der verlangt, dass Shahrazed den Brautpreis herunterhandle. Wieder warnt Shahrazed ihre Schwester. Diese will den Mann aber unbedingt, und so kommt es auch. Als Shahrazeds Sohn einen Monat alt ist, heiratet die Schwester in die gewalttätige Familie ein. Als jüngste Schwägerin wäre sie jetzt zuständig für die Bedienung der Großfamilie. Doch sie weigert sich und verlangt, dass sie und ihr Mann ausziehen. Dafür fehlt das Geld. Und eigentlich hätte dieses Privileg Shahrazed zugestanden.

Shahrazed wird von ihrer Schwiegerfamilie aufs Gröbste misshandelt. Man schlägt sie mit allem, was gerade zur Hand ist, einem Schlauch, einem Elektrokabel. Sie wird getreten, beschimpft. Wenn es die eine Woche weniger ist, wird es in der nächsten umso schlimmer. Shahrazed denkt, wenn sie einen echten Bruder gehabt hätte, der sich für sie einsetzen würde, hätte der vielleicht mit ihrem Mann reden können. Sie ist inzwischen stark abgemagert und wird häufig ohnmächtig, muss aber weiterarbeiten, um nicht Schlimmerem ausgesetzt zu sein. Ihre Schwester, die zuletzt eingeheiratet hat und daher für die Familie putzen müsste, verwahrt sich dagegen. Shahrazed sei ja keine Blutsverwandte, sondern nur ein Findelkind, wieso sollte sie ihr helfen. Inzwischen hat die Schwester gemerkt, worauf sie sich eingelassen hat. Auch ihr Mann schlägt sie.

Der Drogenmissbrauch von Shahrazeds Mann fällt auch seinen Brüdern und seiner Mutter auf. Niemand sagt etwas, niemand stoppt ihn, wenn er im Rausch gewalttätig wird. Neu ist, dass er Shahrazed würgt, bis sie kaum mehr Luft bekommt und in Panik gerät. »Er hat geschrien, dass ich sterben soll.« Selbst seine Familie hält ihn kaum mehr aus. Die Schwiegermutter schlägt Shahrazed vor, noch ein Kind zu bekommen, um ihn zu besänftigen, oder dass er eine zweite Frau heiraten könne. Shahrazed befürchtet, dass es durch eine zweite Heirat noch schlimmer oder gefährlicher für sie werde. Also willigt sie ein, ein zweites Kind zu bekommen. Bevor es aber so weit kommt, setzt das Familienoberhaupt den drogensüchtigen Sohn samt Frau und Sohn vor die Tür.

Shahrazed und ihr Mann beziehen eine kleine Wohnung. Anfangs reagiert er seinen Frust an ihr ab. Am ganzen Körper hat sie schwarze und blaue Flecken. Sie lebt nur für ihren kleinen Sohn. Dann wird sie erneut schwanger. Ihr Mann wird tatsächlich ruhiger.

Shahrazed lernt in der neuen Umgebung andere Frauen kennen, Freundschaften entstehen. Das Leben erscheint mit einem Mal etwas erträglicher. Die Geburt rückt näher. Shahrazed fürchtet sich davor, nochmals eine Steißgeburt durchstehen zu müssen. Die Freundinnen überreden sie, nicht zu Hause, sondern im Krankenhaus zu gebären. Ihr Mann willigt ein. Ihr zweiter Sohn kommt per Kaiserschnitt zur Welt. Danach darf sich Shahrazed acht Tage lang bei ihrer Mutter ausruhen. »Das war ein ganz großes Geschenk für mich. Eine wundervolle Zeit.« Shahrazeds Ehemann erlaubt ihr sogar, dass sie den Namen für den kleinen Sohn wählen darf. Sie glaubt, dass jetzt alles gut werde, dass sie als kleine Familie zu viert, ohne die lästigen Verwandten zufrieden würden leben können. Ihre Schwester macht alles zunichte.

Vierzehn Tage ist Shahrazed mit dem Kleinen zu Hause, als eines Nachts ihr Schwager mit einem der Brüder auf der Suche nach seiner Frau in die Wohnung stürmt. Die Schwester habe ihren Mann verlassen, sei ohne Schleier auf die Straße gegangen; die Familie will sie deswegen umbringen. Die Brüder sind mit Messern bewaffnet. Sie schreien in der Wohnung von Shahrazed und ihrem Mann herum. Als sie endlich gegangen sind, schleicht sich die Schwester zu Shahrazed herein. Ihre Ehe ist am Ende. Sie bittet Shahrazed um Geld. Die gibt ihr, was sie hat.

Als ihr Mann erfährt, dass sie der Schwester geholfen hat, ist alles wieder wie früher. Seine Wut brandet erneut auf. Er versucht, Shahrazed mit einem Elektrokabel zu erwürgen, sie damit an der Decke der Wohnung aufzuhängen. Im letzten Moment, lässt er von ihr ab. Dieses Spiel wiederholt sich ab da immer wieder. Shahrazed steht Todesängste aus. Ihr Nachbar ist Polizist. Er hört das Geschrei in der Wohnung und stellt den Ehemann zur Rede. Darauf werden Shahrazed und die beiden Söhne vom Vater für zwei Wochen im Zimmer eingesperrt.

Dass die Schwester geflüchtet ist, wird Shahrazed in die Schuhe geschoben. Sie wird zur Zielscheibe vom Hass der ganzen Schwiegerfamilie. Der verlassene Ehemann will Shahrazed umbringen. Immer wieder steht er mit einem Messer vor der verschlossenen Tür, immer dann, wenn ihr Mann weg ist, Drogen nimmt.

Ihr älterer Sohn bekommt die Ausbrüche des Vaters mit. Er ist inzwischen vier Jahre alt und fürchtet sich, wenn der Vater auf die Mutter losgeht. Nur weil er verzweifelt weint, hält der Vater eines Tages inne. Er sagt seinem Sohn, dass er ihn und den kleinen Bruder zur Großmutter bringe, damit sie nicht mit ansehen müssten, wie er die Mutter töte. Der Vater packt seine Söhne und verlässt mit ihnen die Wohnung. Er verschließt die Tür. Shahrazed bleibt zurück, in Todesangst.

Das Fensterchen ist kaum dreißig Zentimeter breit. Shahrazed ist so mager, dass sie es schafft, sich hindurchzuzwängen. Eine Tasche, darin auch Geld, das ihr Mann jemandem schuldet, hat sie zuvor durch das Fenster auf die Straße hinausgeworfen. Sie rennt in Panik durch die Nacht zu ihrer Freundin. Die beiden Frauen beraten, was zu tun ist. Shahrazed stillt noch. Außerdem weiß sie nicht, wohin sie gehen soll. Dabei kann sie sich von den vielen Schlägen nur mit Schmerzen bewegen. Shahrazed überlegt, zu ihrem Mann zurückzukehren. Doch die Freundin macht ihr klar, dass das ihren sicheren Tod bedeute. »Du musst flüchten, richtig flüchten, weit weg von Iran.« Sie bringt Shahrazed zu einem Schlepper. Das Geld reicht. So wird Shahrazed 2015 von einem Augenblick auf den anderen zu einer Frau auf der Flucht.

Nach drei Tagen hat sie in einer Gruppe Flüchtender die türkische Grenze erreicht. Ihre seelische Not ist unendlich. Ihre Brüste schmerzen von der Milch, die sie ihrem Kleinen nicht geben kann. Sie fängt an zu rauchen, obwohl sie damit gegen das islamische Gesetz verstößt. Ihr ist alles egal. Sie ist auf der Flucht, muss es sein, um nicht von ihrem gewalttätigen Ehemann umgebracht zu werden, und mit jedem Kilometer entfernt sie sich von dem, was ihr am liebsten ist, ihren beiden Söhnen.

Die Grenze überquert die Gruppe durch einen Fluss. Weil die Polizei patrouilliert und sie sich beeilen müssen, wird Shahrazeds Tasche mit ihrer iranischen Identitätskarte im Wasser weggetrieben. Zum Glück hat sie wichtige Dokumente von sich und den Kindern bei ihrer Freundin in Iran zurückgelassen, die sie später zugeschickt bekommt. In der Türkei werden sie vom Schlepper in ein schmutziges Zimmer gebracht. Sie bittet ihn um eine Zigarette. Er versucht, sie zu vergewaltigen. In diesem Zimmer, unter fremden Menschen und allein mit ihrer Sehnsucht nach den Kindern, gibt sich Shahrazed fast auf. Sie ist sicher, dass sie ihre Söhne nie wiedersehen wird.

Endlich hat der Schlepper die nächste Fluchtetappe organisiert. Ein Bus bringt Shahrazed mit anderen Flüchtenden nach Istanbul. Dann müssen sie selbst zusehen, wie sie weiterkommen. Shahrazed ist obdachlos. Sie hat kein Geld, keine Kleider zum Wechseln, nichts zu essen. Sie wühlt in Abfällen, schläft auf der Straße, traut sich nicht zu schlafen. Als allein flüchtende Frau läuft sie ständig Gefahr, misshandelt, belästigt, vergewaltigt zu werden. Drei Wochen lebt sie so in Istanbul. Dann trifft sie einen älteren Mann. Er sieht aus wie ein Hazara, aus einer der Volksgruppen in Afghanistan. Sie spricht ihn an. Tatsächlich, er kommt aus Afghanistan, und er hilft ihr. Shahrazed findet Arbeit als Näherin. Während der langen Arbeitstage denkt sie ständig an ihre Söhne. Angst und Sehnsucht setzen ihr zu.

Nach drei Monaten trifft sie in Istanbul zufällig ihre Schwester und ihren jüngeren Bruder; der Bruder ist heroinabhängig. Trotz allem, was vorgefallen ist, hilft Shahrazed den beiden mit dem Geld, das sie für die Überfahrt nach Europa schon angespart hat. Sie tut es, weil sie sich so freut, vertraute Gesichter zu sehen, und hofft, dass sie gemeinsam weiter flüchten werden. Die drei leben über ein halbes Jahr zusammen. Shahrazed finanziert die beiden mit ihrer Arbeit als Näherin, eingeschlossen der Drogen des Bruders. Als Shahrazed eines Abends von der Arbeit nach Hause kommt, haben sich die beiden Geschwister mit ihrem Geld abgesetzt.

Shahrazed beginnt von vorne. Erneut spart sie sich das Geld für die Überfahrt mit dem Schlepper. 2017 ist es schließlich so weit. Sie besteigt ein Schlauchboot, das sie in einer dreieinhalbstündigen, wellenreichen Fahrt auf die Insel Lesbos bringt. Sie kommt ins Flüchtlingslager Moria. Das Lager und der Hügel darum herum sind zu diesem Zeitpunkt bereits überfüllt, und täglich kommen neue Flüchtlinge an. Als allein flüchtende Frau gilt Shahrazed als besonders gefährdet und verletzlich. Sie darf im dafür vorgesehenen, abgesonderten Bereich leben. Trotzdem wird sie eines Nachts vergewaltigt.

Shahrazed belastet neben der ständigen Angst vor Übergriffen durch die männlichen Flüchtenden im Lager auch das Nichtstun. Sie kann nicht aufhören, an ihre Söhne zu denken. Wie geht es den Kindern? Hätte sie doch bleiben sollen? Shahrazed beginnt, sich selbst zu verletzen. Eine Sozialarbeiterin wird auf sie aufmerksam.

Sie wird in eine Wohnung in Mytilini, der Hauptstadt der Insel Lesbos, verlegt, in der besonders verletzliche Frauen auf der Flucht zusammenleben. Doch in der Stadt trifft sie plötzlich ihre Geschwister wieder. Ihr Bruder ist inzwischen von Heroin auf Alkohol umgestiegen. Die beiden verlangen von ihr, dass sie ihnen einen Teil ihrer monatlichen Flüchtlingszuwendung überlässt. Shahrazed schafft es nicht, ihnen etwas entgegenzusetzen, und gibt ihnen regelmäßig Geld. Ihr selbst bleibt kaum genug zu essen. Immerhin lebt sie geschützt in der Wohnung.

Die griechischen Asylbehörden behandeln ihren Fall und Shahrazed bekommt die Genehmigung, aufs Festland weiterzureisen. Die Fähre bringt sie von Lesbos nach Piräus, den Hafen von Athen. Auch Schwester und Bruder haben Reisepapiere bekommen. In Athen stoßen die drei auf die große Gruppe von Flüchtlingen aus Afghanistan, die in Athen leben. Die Afghanen sind gut organisiert und handeln mit allem, was gebraucht wird, Drogen, Waffen, falschen Pässen, Frauen. Die drei kommen in einer Wohnung in einem Außenquartier unter, in der bereits viele andere Afghanen hausen.

Eines Tages bleibt die Schwester weg. Shahrazed macht sich Sorgen. Den Bruder sieht sie kaum noch. Shahrazed vermutet, er habe sich dem afghanischen organisierten Verbrechen in Athen angeschlossen. Tag um Tag vergeht, die Schwester kommt nicht wieder. Shahrazed rechnet mit dem Schlimmsten. Nach zehn Tagen bekommt Shahrazed Bescheid. Die Schwester ist in Deutschland; sie hatte Shahrazed nichts gesagt, sie auch nicht mitgenommen.

Shahrazed wird auch in Athen vergewaltigt. Da ist niemand, der ihr hilft; keine Organisation ist zur Stelle. Nachts herrscht das Gesetz des Stärkeren.

2018 trifft sie einen Afghanen, den sie auf Lesbos kennengelernt hat. Er spricht Englisch und hilft ihr. Shahrazed fängt wieder an zu hoffen. Aus ihrem Ersparten kauft ihr der Mann einen chinesischen Pass. Er hat sich ebenfalls einen besorgt. Gemeinsam fahren sie zum Flughafen und kaufen sich Tickets für Flüge von Athen nach Zürich.

Um sie herum sieht Shahrazed viele bekannte Gesichter aus dem Flüchtlingslager von Moria. Ihr Begleiter passiert mit seinem chinesischen Pass die Passkontrolle; von Vorteil ist, dass die Hazara mongolischer Abstammung sind und daher den Bildern bestimmter chinesischer Volksgruppen in den Pässen ähneln. Shahrazed wird bei der Passkontrolle aufgehalten. Sie versucht es an einem anderen Schalter. Diesmal funktioniert es. Shahrazed fliegt zum ersten Mal in ihrem Leben und landet in der Schweiz.

In Zürich weiß Shahrazed zunächst nicht, wie es weitergeht. Sie nimmt einen Zug vom Flughafen in die Stadt, trifft am Hauptbahnhof zwei Afghanen, die ihr weiterhelfen. Bei der Polizei erklärt Shahrazed ihre Situation und legt als Beweis zwei Spielzeugautos vor, die ihren Söhnen gehören. Shahrazeds Fingerabdrücke werden genommen. Sie bekommt einen Platz im Asylaufnahmezentrum Kreuzlingen.

Shahrazed durchläuft den schweizerischen Asylprozess. Freiwillige kümmern sich um sie. Eine Frau wird wie eine Mutter für sie. Shahrazed arbeitet in einem Café mit, macht sich im Brockenhaus nützlich und lernt Deutsch. Über allem schwebt die Angst, wieder nach Afghanistan zurückgeschickt zu werden. In Kreuzlingen kommt sie erstmals in eine Klinik, wo man sich mit ihren psychischen Problemen und ihren Selbstverletzungen auseinandersetzt. Die Psychologen stellen fest, dass Shahrazed von den Erlebnissen in ihrer Ehe und auf der Flucht traumatisiert ist. Sie wird in ein Asylheim in den Bergen verlegt. Die Umgebung tut ihr gut.

An Weihnachten 2019, eineinhalb Jahre nach ihrer Ankunft und nach ihrem ersten Klinikaufenthalt, findet Shahrazed Arbeit und bekommt die Aufenthaltsbewilligung B. Sie wagt es, mit der Familie ihres Mannes Kontakt aufzunehmen und nach ihren Kindern zu fragen. Sie telefoniert mit ihrer Schwägerin und bekommt sogar ein Foto von den Kindern geschickt. Traurig hört sie, dass ihr älterer Sohn jedes Mal geschlagen wird, wenn er nach der Mutter fragt. Shahrazed möchte ihre Kinder zu sich in die Schweiz holen, ist dafür aber auf das Einverständnis ihres Mannes angewiesen. Sie erkauft es sich, indem sie ihm Geld schickt.

Ihren Schleier hat sie abgelegt und sich die Haare kurz schneiden lassen. Sie hofft von Tag zu Tag, dass sie ihre Söhne wiedersehen wird. Vielleicht noch diesen Sommer oder dann im Herbst. Dann wird ihr älterer Sohn elf, ihr jüngerer sieben Jahre alt sein. Beide haben ihre Mutter seit sieben Jahren nicht gesehen. Als alle Dokumente beisammen sind und es so gut wie sicher ist, dass die Kinder in die Schweiz reisen dürfen, lässt sie sich die Narben von den Schnitten mit einem farbigen Tattoo überstechen.

Nadsenet, Eritrea

Das Leid, das bleibt

Während wir essen, schweigt sie. Als wir fertig sind, fängt sie an zu erzählen; ihre Geschichte sprudelt nur so aus ihr heraus. Selbst der Dolmetscher, der auf derselben Route geflüchtet ist, erschrickt.

Als der Eritreisch-Äthiopische Krieg 1998 die Region Gash Barka erreicht, kommt es hier zu einer Hungersnot. Nadsenet, Anfang zwanzig, verlässt ihr Dorf auf der Suche nach Arbeit.

In der eritreischen Hafenstadt Massaua lernt sie einen Mann kennen; die beiden heiraten. Als er 2006 in den berüchtigten eritreischen Nationaldienst eingezogen werden soll, ist Nadsenet zum zweiten Mal schwanger. Er will fliehen. Sie möchte mit ihm gehen. Doch er hält das in ihrem Zustand für zu gefährlich. »Nur wer den eritreischen Nationaldienst absolviert hat, kann einen Pass bekommen. Wenn man aber einen Pass beantragt, wissen sie, dass man flüchten will«, erklärt Nadsenet die heikle Situation. Ihr Mann kann sich also nicht um Papiere kümmern, sondern schleicht sich eines Nachts aus dem Haus. »Ich kenne einen Mann, der aus Eritrea geflüchtet ist, weil er der einzige überlebende Sohn seiner Familie war. Alle seine Brüder sind im Nationaldienst umgekommen. Seine Frau ist allein zurückgeblieben. Die Behörden haben sie unter Druck gesetzt. Wo ist dein Mann, der Verräter?«

Nadsenet arbeitet weiter in einem Lager für Baumaterial. Ihr Sohn kommt 2006 zur Welt. Als er vierzehn Monate alt ist, will Nadsenet ihrem Mann folgen und bringt ihre erstgeborene Tochter zu ihren Eltern. Sie packt vor allem Essen ein und nimmt ihre ganzen Ersparnisse mit. Auch sie verlässt nachts heimlich ihr Zuhause.

Ihren Sohn trägt sie in einem Tuch auf dem Rücken. Eine Frau schließt sich ihnen an. Die beiden Frauen werden von zwei jungen Männern geführt, die sie über die Grenze in den Sudan bringen sollen. Schlepper seien die beiden nicht, sondern Freunde, die geholfen hätten. Nach vier Stunden Marsch machen sie eine Pause und lagern im Grenzgebiet in der Wüste. Die andere Frau sei dann in der Nacht einfach verschwunden, sagt Nadsenet. Sie denkt heute noch an sie. Ob sie nach Hause zurückgekehrt ist? Sie hofft es. Nadsenet glaubt aber, Hyänen gehört zu haben. Für eine Suche bleibt keine Zeit. Die beiden Männer drängen zum Aufbruch, als der Tag noch kaum dämmert. Am frühen Morgen überquert Nadsenet mit ihrem Sohn die sudanesische Grenze. Sie hat ihn und ihre Habe den ganzen Weg getragen.

Das mitgenommene Essen ist aufgebraucht. Nadsenet hat kein Geld mehr, ihr Sohn wimmert vor Hunger. Sie wird vom sudanesischen Militär aufgegriffen und mit einem Lastwagen in die Stadt Kassala gebracht. Weil Nadsenet keinen Ausweis hat, kommt sie mit ihrem Kind ins Gefängnis. Vierundzwanzig Stunden bleibt sie dort; immerhin gibt es etwas zu essen. Mit einem Sammeltransport wird sie mit ihrem Sohn in eines der drei berüchtigten und desolaten Shagarab-Flüchtlingslager im Osten des Sudan gebracht. Zehntausende eritreischer Flüchtlinge, die vor dem Nationaldienst geflohen sind, und binnenvertriebene Flüchtlinge aus dem Sudan harren dort in großer Hoffnungslosigkeit aus. Die Lager sind mit Stacheldraht umzäunt, liegen weitab in der Wüste. Nadsenet bleibt vier Monate dort, wartet, bis ihr Mann, der bereits in Khartum ist, die nötigen Papiere für sie und ihren Sohn bekommen hat. Das heiße, dass er Bestechungsgelder für die Beamten habe auftreiben müssen, sagt Nadsenet.

Endlich treffen sie sich in Khartum wieder. Nadsenets Mann schließt zum ersten Mal seinen Sohn in die Arme. Sie bleiben fünf

Monate in der Stadt, in denen sie auf der Straße leben. Das Kind ist häufig krank. Ab und zu findet Nadsenet eine Gelegenheitsarbeit, macht den Haushalt, wäscht die Wäsche der Leute, putzt, kocht. Sie und ihr Mann sparen, wo es geht, um möglichst bald ihre Flucht fortsetzen zu können.

Nadsenets Mann erfährt von einer Schlepperorganisation, die Rabatt gibt. Zehn Personen bezahlen den vollen Preis oder etwas mehr, dafür darf eine elfte Person kostenlos mitkommen. Nächstenliebe ist das nicht. Die Schlepper wälzen das Risiko, eine Gruppe zusammenzubekommen und dabei von der Polizei erwischt zu werden, auf die Flüchtenden ab. Nadsenet darf als elfte Person mit. Als es endlich losgeht, hat sie Angst, weil schlimme Gerüchte kursieren. »Wir hörten von einer Frau, die schwanger war und beim Durchqueren der Wüste gestorben ist. Ihr Mann und ihre Kinder haben sie im Sand beerdigt. Drei Tage später, als die Schlepper mit der nächsten Gruppe wieder an der Stelle vorbeikamen, hatte sich die Frau aus ihrem Grab befreit; sie war vor Erschöpfung nur bewusstlos gewesen. Ihr Kind hat sie kurz danach geboren. Es ist später gestorben.«

Als sie zur Fluchtetappe nach Libyen aufbrechen, ist das Wetter schlecht. Sandstürme überziehen die Sahara. Mit einem Geländewagen soll die Gruppe von Khartum über die Grenze nach Libyen gefahren werden. Auf der Ladefläche sind vierundzwanzig Flüchtende zusammengepfercht. Vielleicht sind es auch mehr; Nadsenet hat sie nicht genau gezählt. Sie halten sich aneinander fest, sind ungeschützt vor der Sonne, atmen Sand und Staub ein, werden auf der unebenen Piste hin- und hergeworfen. Sie haben zu wenig Essen und Wasser dabei. Was sie durchhalten lässt, ist die Aussicht auf ein besseres Leben. Sie sind elf höllische Tage unterwegs.

Endlich erreichen sie Adschdabiya. Für die Weiterfahrt verwenden die Schlepper jetzt Minibusse, da das Gebiet bewohnter ist. Hinter den getönten Scheiben sind die Frauen und Kinder nicht zu erkennen. Die Flüchtlinge erreichen Bengazi. Während die

Schleuserorganisation gefälschte Pässe mit muslimischen Namen besorgt, erholen sich die Flüchtlinge etwas. Mit den Pässen können sie in die libysche Hauptstadt Tripolis weiterreisen. Nadsenet und ihre Familie erreichen die Stadt Ende 2008.

Staatsoberhaupt Muammar al-Gaddafi ist noch an der Macht. Er hat mit seinem italienischen Amtskollegen Silvio Berlusconi einen neuen Freundschaftsvertrag geschlossen und darin vereinbart, dass er illegale Migration verhindern werde. Gaddafi setzt dafür, von Italien und der EU finanziert, auf Abfangmaßnahmen mit Bootspatrouillen. Auf dem Meer oder am Strand abgefangene Migrant:innen werden ohne Aufnahme von Personalien nach Libyen zurückgebracht. Die Grenze nach Italien ist geschlossen.

Die wartenden Flüchtenden sind verzweifelt. Allein der Versuch, auf ein Boot zu gelangen, wird von den libyschen Behörden mit hohen Geldstrafen belegt. Wer die sechshundert US-Dollar Buße nicht aufbringt, landet im Gefängnis. Es ist gefährlich, sich überhaupt an der Küste aufzuhalten. Die Polizei weiß genau, dass die Flüchtlinge dort auf ihre Chance hoffen, Wetter und Wellen beobachten, von der Freiheit träumen und ihr ganzes Geld bei sich haben, um im entscheidenden Moment bereit zu sein. Routinemäßig kassieren die Polizisten die Flüchtenden ab.

Nadsenet und ihr Mann hoffen in Tripolis auf die Fortsetzung ihrer Flucht, obwohl über das vor ihnen liegende Mittelmeer kein Weg mehr zu führen scheint. Wieder leben sie auf der Straße und schlagen sich mit Gelegenheitsarbeiten und Betteln durch. Immer wieder kommen Schiffe zurück, die von den libyschen Patrouillenbooten abgefangen wurden. Drei Jahre lang versucht Nadsenets Mann, Plätze für die Überfahrt zu ergattern.

Nadsenet hat noch andere Erinnerungen an diese Zeit in Tripolis: »Im muslimischen Libyen war es nicht möglich, unsere Toten christlich zu bestatten. Die Menschen haben ihre verwesenden Angehörigen deshalb tagelang mit sich herumgetragen. Manchmal konnte die eritreische Botschaft eine Rückführung organisieren.

Manchmal ist es gelungen, einen Toten wild am Strand zu beerdigen.«

Anfang 2011 bricht im Rahmen des Arabischen Frühlings in Libyen der Bürgerkrieg aus. Die Vereinten Nationen beschließen, zum Schutz der Zivilbevölkerung einzugreifen, und verhängen eine Luft- und Seeblockade. Die USA, Frankreich und Großbritannien beginnen, militärische Einrichtungen in Libyen zu bombardieren. Der Krieg hilft den Flüchtlingen. Grenzwächter, die an der Küste im Einsatz sind, werden abgezogen und gegen die Bodenstreitkräfte der libyschen Opposition eingesetzt. Damit ist der Weg für die Flüchtenden frei.

Nadsenets Mann gelingt es endlich, Platz auf einem Boot nach Malta zu bekommen. Es kann aber nur noch eine Person mit. Die Anzahlung ist bezahlt. Es muss schnell gehen. Sie entscheiden unter Zeitdruck, dass er vorausgehen soll. Nadsenet wird mit dem Kind nachkommen, wenn er es nach Europa geschafft und dort eine Perspektive hat.

Das Boot mit den Flüchtlingen legt in der Nähe des Flughafens von Tripolis ab. In der Nacht fallen Bomben. Auch der Flughafen Misrata wird beschossen. Das Boot wird getroffen und sinkt – vielleicht wurde das Boot für ein Schiff der libyschen Marine gehalten. Als Nadsenet nach Tagen nichts von ihrem Mann hört, hat sie schlimmste Befürchtungen. Sie wendet sich an die Schleuserorganisation. Die Schlepper funktionieren wie Reiseveranstalter. Sie führen Namenslisten, um zu kontrollieren, ob alle Passagiere bezahlt haben. Die Schlepper können bestätigen, dass ihr Mann auf dem gesunkenen Schiff war. Nadsenet ist am Boden zerstört. Obwohl ihr die Schlepper einen Platz anbieten, will sie die Überfahrt übers Mittelmeer nicht mehr wagen. Sie erhält die Bezahlung, die ihr Mann geleistet hat, zurück. Aus Respekt, wie sie sagt. Um das gesunkene Boot habe es einige Aufregung gegeben, sagt Nadsenet. Sie hat nie genau erfahren, wer das Unglück zu verantworten hat.

Nach dieser Tragödie schließt sich Nadsenet dem Strom der liby-

ነቲ ዝጠመየን ዝጸምኣን ወዲ እየ ተሰኪመዮ ዘለኹ።
ድሕሪ ሕጂ ኣዝዩ ድኹም ስለ ዝኾነ ኣይበኪን እዩ።

(Tigrinya)

Ich trage meinen hungrigen und durstigen Jungen.
Er weint nicht mehr, weil er so schwach ist.

Nadsenet

schen Flüchtlinge an und geht mit ihrem Sohn nach Tunesien. Gleich hinter dem Grenzübergang Ras Dschiran erreicht sie das Lager Choucha des Uno-Flüchtlingshilfswerks und wird aufgenommen. Es ist für bis achtzehntausend geflüchtete Menschen eingerichtet und ausgelastet. Im Lager leben neben den geflüchteten Libyer:innen auch Flüchtlinge aus Somalia, Eritrea, Niger und dem Tschad. Unter ihnen kommt es immer wieder zu Konflikten. Immer wieder gibt es Brände, weil wie in den meisten Flüchtlingslagern auf offenem Feuer gekocht wird. Vier Männer aus Eritrea sollen in ihrem Zelt verbrannt sein, weil sudanesische Flüchtlinge Feuer legten, gibt Nadsenet ein Lagergerücht weiter. Dann erzählt sie: »Eines Tages kam Angelina Jolie in unser Lager. Ich habe sie selbst nicht gesehen, aber alle waren völlig außer sich. Sie soll Kleider und Seife mitgebracht haben.«

Die Bedingungen in der schattenlosen, öden und heißen Sandwüste sind hart für die Geflüchteten im Lager. Die Zeit vergeht endlos langsam. Die Tage sind bestimmt von Warten und Langeweile. Wer morgens um fünf Uhr fürs Frühstück ansteht, bekommt, wenn noch etwas übrig ist, seine Ration um elf Uhr. Dann heißt es gleich wieder anstehen fürs Mittagessen und fürs Abendessen.

Fünf Monate lebt Nadsenet im tunesischen Camp. Als allein flüchtende Frau ist sie vor Übergriffen nicht sicher. Nadsenet wird ins Migrationsprogramm für besonders verletzliche Personen aufgenommen. Am 26. Juli 2011 kann sie mit ihrem Sohn in die Schweiz fliegen; sie erhalten Asyl. Sie kann ihre Tochter aus Eritrea in die Schweiz holen.

Zehn Jahre später vermisst Nadsenets Sohn seinen Vater einmal mehr. Die anderen Kinder in der Schule haben einen Vater, er nicht. Nadsenet versucht, den Kindern, so gut es geht, eine Familie und Zusammenhalt zu bieten. Sie ist froh, dass beide wieder bei ihr sind. Die Kinder sprechen Schweizerdeutsch. Sie selbst lernt die neue Sprache immer besser. »Ich lebe hier sicher. Das ist mir jeden Tag bewusst. Aber den Rucksack mit meinen Erinnerungen, den kann ich nicht ablegen. Auch das spüre ich jeden Tag.«

Claudia Biagini, Wohnraumvermittlerin, Schweiz

Wer wohnt, schlägt Wurzeln

Mir fällt in Claudia Biaginis Wohnzimmer als Erstes das alte Nussbaumbuffet auf, stilecht zur Wellschirmstehlampe. Aus dem Brockenhaus vielleicht, denke ich.

Claudia Biagini und ihr Team vermitteln bei der Schweizer Stiftung Domicil Wohnen bezahlbaren Wohnraum an wirtschaftlich und sozial schwächere Personen. Die Mehrheit sind Flüchtlinge und vorläufig Aufgenommene, darunter auch alleinerziehende Mütter.

Claudia Biaginis Großvater väterlicherseits war U-Boot-Kapitän in der italienischen Marine, die Großmutter, Schweizerin, wanderte aus, aber kam am Ende wieder in die Schweiz zurück. Claudia Biagini wird in Südafrika geboren. Ihre Mutter ist Portugiesin, der Vater Italiener. Heute wohnt sie mit ihrem Sohn in den Möbeln ihrer Großmutter. Sie ehre damit eine mutige, tapfere und unerschrockene Frau, die viel durchgemacht habe. »Erfahrung mit Migration haben in der Schweiz viele Menschen. Ich kann diese Herausforderung auch in der zweiten, dritten Generation noch nachvollziehen.«

Schon als Jugendliche engagiert sich Claudia Biagini für benachteiligte Menschen, jobbt beim Sozialwerk Pfarrer Sieber, studiert Sozialarbeit und schließt ihr Studium mit einem Master in Non-profit-Management ab. Danach arbeitet sie bei der AOZ, der Asylorganisation Zürich, und wird schließlich Bereichsleiterin Wohnraumsicherung und stellvertretende Geschäftsleiterin bei der Stiftung Domicil Wohnen in Zürich.

»Wir sollten weibliche Migranten besser wertschätzen«, sagt sie. Viele von ihnen verfügten über ein unglaubliches Potenzial, das sie in ihrer Heimat oft nicht ausschöpfen konnten. Die Verantwortung für eine eigene Wohnung sei gerade für Alleinerziehende eine Ermächtigung, die ein starkes Fundament bilde und die Frauen weiterbringe.

Domicil Wohnen befähigt die Klient:innen, auf dem Wohnungsmarkt eigenverantwortlich aufzutreten. Dazu müssen sie diverse Kriterien erfüllen. Die Migrant:innen werden unterstützt und beraten. »Wir können nur Klienten aufnehmen, die sozusagen wohnfähig sind«, sagt Claudia Biagini. Die künftigen Mieter:innen müssen die Gegebenheiten eines Schweizer Mietverhältnisses verstehen. Das beginnt bei der Wohnungssuche und hört beim Miteinander mit den Nachbar:innen nicht auf.

Als Erstes können sich Interessierte um einen Termin für ein Vorstellungsgespräch bei Domicil Wohnen bemühen. Anrufe werden jeweils freitags zwischen zwölf und dreizehn Uhr entgegengenommen. Die Kandidat:innen landen auf einer Warteliste. Nun müssen sie diverse Unterlagen über ihre wirtschaftlichen Verhältnisse und ihren Anerkennungsstatus einreichen. Nach rund sechs Monaten sitzen sie beim Vorstellungsgespräch einer Sachbearbeiterin von Domicil Wohnen gegenüber. Bei diesem Gespräch werden einerseits die Bedürfnisse an die gewünschte Wohnung aufgenommen, andererseits die Kriterien für die Unterstützung von Domicil Wohnen erklärt. Neben der »Wohnfähigkeit« sind Offenheit, Kooperation und Deutschkenntnisse, »Alltagsdeutsch«, unabdingbar. Bei Einigung bezahlen die Klient:innen einen kleinen Beitrag. Domicil Wohnen erstellt für die Klient:innen einen Suchauftrag auf verschiedenen Immobilienplattformen und benachrichtigt sie, wenn passende Wohnungen ausgeschrieben sind. Dann muss es schnell gehen. Günstige Wohnungen werden in der Stadt Zürich kaum länger als einen Tag beworben.

Der Mietzins darf ein Drittel des Einkommens nicht überschreiten. Das kann schwierig werden für Migrant:innen, die im Einbürgerungsprozess stehen. Sie müssen nachweisen, dass sie keine Sozialleistungen beziehen. Viele leben deshalb an der Grenze des Existenzminimums. Neben den Mietkosten müssen die Migrant:innen für eine Kaution aufkommen und beim Umzug eine doppelt zu bezahlende Miete einplanen, für die neue und für die alte Wohnung.

Domicil Wohnen hat die Wohnraumbelegung reglementiert: Für drei Personen, beispielsweise eine alleinerziehende Migrantin mit zwei Kindern, werden Dreizimmerwohnungen gesucht, auch wenn eine größere Wohnung gewünscht wird. Die Dreizimmerwohnung darf nicht mehr als 1650 Franken Miete kosten. Da langfristige Mietverhältnisse angestrebt werden, kommen nur Migrant:innen mit Ausweis B oder F, anerkannte Flüchtlinge und vorläufig Aufgenommene, infrage.

Zürich steht bei Migrant:innen als Wohnort an vorderer Stelle. Das hat praktische Gründe und ist bedingt durch den städtischen Arbeitsmarkt. Die Jobs, in denen Geflüchtete häufig arbeiten, wie Pflegedienst oder Gastronomie, haben einen frühen Arbeitsbeginn. Da sind Nähe und gute öffentliche Verkehrsverbindungen zwischen Wohnort und Arbeitsplatz ein wichtiges Kriterium, vor allem, wenn auf dem Weg ein Stopp in der Kinderkrippe eingeplant werden muss.

Die Klienten vereinbaren selbständig die Besichtigung, sehen sich die Wohnung an und schicken ihre Bewerbungsunterlagen an die Hausverwaltung, und zwar mit Unterstützung von Domicil Wohnen komplett mit Anmeldung, Foto auf dem Motivationsschreiben und Betreibungsauszug.

Bei der Wohnungsübergabe ist Domicil Wohnen dabei. Claudia Biagini hat schon Überraschungen erlebt: »Eine Familie aus Bangladesch freute sich sehr über die Wohnung mit Balkon. Ich war entsetzt. Der Balkon ging auf die Autobahn hinaus. Sie erklärten, sie hätten zu Hause an einer zehnspurigen Straße gewohnt.«

Weil Deutschkenntnisse eine der Voraussetzungen sind, klappt der Kontakt mit Nachbarn, Hausverwaltung und Handwerkern in der Regel gut. In einem Mietverhältnis müssten Situationen bewältigt werden können, sagt Claudia Biagini, die über die Basisstufe der Deutschkurse hinausgehen. »Wir helfen natürlich, suchen etwa das Gespräch zum Vermieter, wenn eine Mietzinserhöhung ansteht. Zehn oder zwanzig Franken mehr Miete im Monat können bedeuten, dass die Kinder keine Weihnachtsgeschenke bekommen.«

Günstiger Wohnraum liegt in der Stadt Zürich meist in der Peripherie oder findet sich in älteren, nicht renovierten Liegenschaften, an denen anspruchsvollere Mieter:innen kein Interesse haben. Dort leben oft Menschen in langen Mietverhältnissen, die sich an die Migrant:innen erst gewöhnen müssen. Lärmklagen seien dann nicht selten ein Indiz für unterschwelligen Rassismus, sagt Claudia Biagini. Domicil Wohnen hilft beim Vermitteln. »Wohncoaches« bringen den Klient:innen in deren Landessprache die Eigenheiten des Schweizer Mietens nahe. Informationen in zehn Sprachen und Erklärvideos auf der Website von Domicil Wohnen zeigen, was beachtet werden soll. Neben Schimmelvermeidung, dem termingerechten Entsorgen des Kehrichtsacks, sinnvollem Putzen und dem Dauerbrenner Waschküche gibt es Vorschläge, wie man das Nachbarschaftsverhältnis entspannen kann. Einen guten Eindruck mache, wird da vermittelt, wenn die neuen Mieter:innen um Hilfe bei der Bedienung von gemeinsam genutzten Geräten bitten und die Nachbarn mit Namen grüßen.

Ziel sei es, meinte Claudia Biagini, die Klienten in die Wohnselbständigkeit zu entlassen. Das Team von Claudia Biagini umfasst vier Mitarbeiterinnen, die zusammen rund 1200 Mietverhältnisse betreuen. Domicil Wohnen tritt meist als Solidarmieterin auf und bietet den Vermietern damit Sicherheit, dass die Miete bezahlt wird. Die Dienstleistungen der Stiftung sind nicht kostenlos. Sie werden finanziert aus Stiftungsgeldern, durch Zuschüsse der Stadt Zürich und einen Beitrag der Klient:innen.

Die erste Generation leidet, die zweite kommt an

Migration wird es immer geben. Flucht auch. Wie unterscheidet sich das eine vom anderen?

Warum ist der Unterschied wichtig? Und was bedeutet Migration für uns, die bereits da leben?

Neue Impulse, Vielfalt, Herausforderungen, nicht zuletzt aber auch die Verteidigung der eigenen Werte wie Sicherheit, Freiheit, Würde, Pluralität, Selbstbestimmung. Ganz besonders als Frau.

Ist, wer seine Heimat verlässt, weil sein Haus durch Bomben zerstört wurde, ein Flüchtling oder ein Migrant? Ist ein Mensch, der in seinem Land kein Auskommen für sich und seine Kinder hat, ein Flüchtling oder ein Migrant? Ist eine Frau, die studiert und ihr Land verlässt, in dem ein Bürgerkrieg ausgebrochen ist, der sie und ihre Zukunft bedroht, auf der Flucht oder nimmt sie ihre Chancen wahr?

Europa hat sich in den Jahren nach der Flüchtlingskrise 2015 entschieden, dass es möglichst keine weiteren Flüchtlinge und Migranten mehr will. Ende 2021 werden die Grenzen immer stärker bewacht. Menschen auf der Flucht werden mehr oder weniger legal zurückgewiesen. Doch das schreckt diese nicht, auch wenn sie unter erbärmlichen Bedingungen, eingesperrt in Lagern ausharren müssen, selbst wenn der Asylprozess Jahre dauert und es oft mehrere Anläufe braucht, selbst wenn die Geflüchteten am Schluss kein Asyl bekommen. Wer es nach Europa schafft, findet irgendwie eine Lösung – über die staatlichen Sozialwerke, private Hilfsorganisationen und nicht zuletzt bei den schon ansässigen Migrant:innen. Die wenigen, die tatsächlich ausgewiesen werden, kommen meist wieder.

Die dänische Migrationsministerin Inger Stöjberg ging drastisch vor und erntete dafür viel Kritik. Sie verfügte 2016, dass asylsuchende Ehepaare, von denen ein Partner minderjährig ist, im Asylzentrum getrennt werden. Später machte sie mit einem Gesetz von sich reden, das wohlhabende Migrant:innen für ihren Asylaufenthalt zur Kasse bat. Auf Facebook schrieb sie, dass »eine bedeutende Gruppe von Flüchtlingen [...] schummelt, betrügt und versucht, den dänischen Staat an der Nase herumzuführen«.

Migration ist nicht aufzuhalten. Lässt sich beziffern, was Migration die europäischen Gesellschaften kostet und was sie ihnen auf der anderen Seite durch Arbeitskräfte, die Steuerzahler:innen der zweiten, dritten, vierten Migrationsgeneration bringt? Dass man gut ausgebildete Migrant:innen nicht bei uns arbeiten lässt, ist unmenschlich und unwirtschaftlich. Der einzige Weg führt über Integration und Inklusion. Dass dabei westliche Werte aufgegeben würden, ist unwahrscheinlich. Nach Sicherheit, Würde und einem Leben in Freiheit sehnen sich die geflüchteten Menschen selbst. Was das konkret bedeutet, muss gezeigt und erklärt werden. Zum Beispiel genießen in Europa Frauen weitgehend dieselben Rechte wie Männer. Von Migranten darf eine gegenseitige Achtung auch gefordert werden.

Mit Erstaunen stellen wir 2022 fest, dass es auch anders geht. Ukrainische Frauen auf der Flucht werden mit offenen Armen empfangen und willkommengeheißen. Wir lernen alle dazu. Die Kopftuchdiskussion pendelte von Befreiung zu Toleranz und wieder zurück. Es ist gut, dass wir immer wieder über Frauenrechte sprechen, darüber, wie sie ausgelegt, verstanden, umgesetzt werden.

Die Lösung gibt es nicht. Migration ist eine Tatsache. Integration die einzige Möglichkeit, damit umzugehen. Integration, die anbietet, fordert, fördert und neugierig auf die neu Hinzugekommenen zugeht.

Nachweise

Links zum Thema Tibet

www.bpb.de/themen/kriege-konflikte/dossier-kriege-konflikte/54590/china-tibet (14. September 2022)

www.tibet-initiative.de/informieren/themen/umwelt/raubbau-in-tibet/#1572437023489-4a128295-3c18 (14. September 2022)

www.tibet-initiative.de/informieren/themen/umwelt/tibets-fluesse-im-wuergegriff-der-daemme (14. September 2022)

www.bluewin.ch/de/news/international/china-plant-super-staudamm-und-laesst-indien-schwer-schlucken-664865.html (14. September 2022)

www.youtube.com/watch?v=7ZTKKmS2CxE (14. September 2022)

Bilder

Tina Ackermann: 18, 60, 64, 74, 100, 112, 120, 128, 132, 136, 140, 206

Andrea Camen: 82, 168, 172, 176, 186, 194

Sven Germann: 150

Patrizia Grab: 24, 214

Fellipe Lopes: 99

Übersetzer:innen

Natnael Akeza, interkultureller Vermittler, Tigrinya–Deutsch

Andili Menetkerim, Präsident des Uigurischen Vereins Schweiz, Uigurisch–Deutsch

Anisa Osman, interkulturelle Vermittlerin, Somali–Deutsch

Folgende Namen sind Pseudonyme: Amira, Hamdi, Kidane, Maryan, Raza, Sahar, Shahrazed, Yvette.

Dank

Ich danke Ursula Hess für die Begleitung und die Freundschaft, Christiane Schmidt für ihre einfühlende Arbeit am Text.

Martin Arnold, Urs Fitze

Kinder auf der Flucht

Humanitäre Hilfe und Integration in der Schweiz vom Ersten Weltkrieg bis heute

---

240 Seiten, Broschur, 2020
978-3-85869-885-8

Die Schweiz spielte stets eine besondere Rolle, wenn es um Menschen und insbesondere Kinder auf der Flucht ging – im Positiven wie auch im Negativen. Das Buch zeigt einen Querschnitt durch das 20. und 21. Jahrhundert und beleuchtet dabei insbesondere auch heutige Fragen von humanitärer Hilfe und Integration. Der historische Vergleich verdeutlicht Parallelen in der öffentlichen Wahrnehmung, und er lotet die Bedeutung von Solidarität damals wie heute aus.

Stefan Keller

Grüningers Fall

Geschichten von Flucht und Hilfe

---

248 Seiten, Broschur, 7. Auflage 2022
978-3-85869-587-1

Die bewegende Geschichte des Hauptmanns Grüninger, der in den dreißiger Jahren zahlreichen Juden und Jüdinnen das Leben rettete und für seine Zivilcourage bitter bezahlen musste.

»Es passiert nicht alle Tage, dass ein Buch Regierungen zum Sinneswandel zwingt. So eines ist Grüningers Fall.«
Fredy Gsteiger, *Die Zeit*

Cristina Cattaneo

Namen statt Nummern

Auf der Suche nach den Opfern des Mittelmeers

Aus dem Italienischen von Barbara Sauser
Vorwort von Sacha Batthyany
Fotos von Mattia Balsamini

208 Seiten, 2020, gebunden
978-3-85869-866-7

»Durch ihr Mikroskop blickt die Mailänder Rechtsmedizinerin Cristina Cattaneo auf eine menschliche Tragödie, die sich vor unserer Haustür abspielt – in einem Europa, das doch so stolz ist auf seine Erinnerungskultur, jedoch am liebsten alles vergäße, was das tägliche Sterben im Mittelmeer angeht.«
Sacha Batthyany

Cédric Herrou

Ändere deine Welt

Wie ein Bauer zum Fluchthelfer wurde

Aus dem Französischen von Barbara Heber-Schärer und Andrea Stephani

264 Seiten, Klappenbroschur, 2022
978-3-85869-945-9

Eigentlich wollte Cédric Herrou ein einfaches und zurückgezogenes Leben als Olivenbauer im abgeschiedenen Royatal führen. Doch dann sah er immer mehr Geflüchtete an der französisch-italienischen Grenze stranden, wenige Kilometer von seinem Hof entfernt.
Ein außergewöhnliches und bewegendes Zeugnis eines Mannes, der sich gegen den Zynismus der Behörden auflehnt.

Rotpunktverlag.